하나 바이블

The Kingdom of God in the Bible

하나 바이블은 성경 속에서 **하나님 나라**를 배우는 책입니다.

왕관은 하나님의 통치, 길은 하나님 나라 백성의 삶을 의미합니다.

JN452297

유치부

2과정·2학기

학생용

더하나바이블 APP 다운로드 QR코드

"하나님 나라의 실현"

하나 바이블

교회용 워크북

이름 :

하나 바이블

The Kingdom of God in the Bible
하나 바이블은 성경 속에서 **하나님 나라**를 배우는 책입니다.
왕관은 하나님의 통치, 길은 하나님 나라 백성의 삶을 의미합니다.

유치부
2과정 · 2학기
학생용

교회용
워크북

"하나님 나라의 실현"

하나 바이블

대한예수교장로회총회

23과 하나님은 예수님을 통해 하나님 나라를 다스리세요 | 마태복음 1:18~25

예수님은 구약 예언의 말씀대로 오셔서 하나님 나라를 다스리세요.

구약

나는 너희의 하나님이 되고
너희는 내 백성이 될 것이다
(레위기 26장 12절)

보라 처녀가 잉태하여 아들을 낳을 것이요
(이사야 7장 14절 중반절)

하나님은 언약의 사자를 우리에게 보내셔서
우리의 죄를 깨끗하게 하실 거예요(말라기 3장)

신약

임마누엘

하나님이 우리와 함께 계시다 함이라
(마태복음1장 23절 하반절)

보라 처녀가 잉태하여 아들을 낳을 것이요
(마태복음 1장 23절 상반절)

그 이름을 **예수** 라 하라
자기 백성을 그들의 죄에서
구원할 자이심이라
(마태복음 1장 21절)

예수님은 구약 예언의 말씀대로 오셔서 하나님 나라를 다스리세요!

구약의 말씀이 신약에서
어떻게 이루어졌는지 잘 기억하고 뒷장으로 넘겨요.

완성

구약

나는 너희의 하나님이 되고
너희는 내 백성이 될 것이다
(레위기 26장 12절)

보라 처녀가 잉태하여 아들을 낳을 것이요
(이사야 7장 14절 중반절)

하나님은 언약의 사자를 우리에게 보내셔서
우리의 죄를 깨끗하게 하실 거예요(말라기 3장)

신약

하나님이 우리와 함께 계시다 함이라
(마태복음 1장 23절 하반절)

보라 처녀가 잉태하여 아들을 낳을 것이요
(마태복음 1장 23절 상반절)

그 이름을 ______ 라 하라
자기 백성을 그들의 죄에서
구원할 자이심이라
(마태복음 1장 21절)

예수님은 구약 예언의 말씀대로 오셔서 하나님 나라를 다스리세요!

24과

하나님은 아기 예수님을 지켜주셨어요 | 마태복음 2:13~23

하나님은 하나님 나라를 주권적인 능력으로 지키세요.
'꼬옥~ 지켜주시는 하나님!' 투명 컵 놀이를 하며 언제나 나를 지켜주시는 하나님을 기억해요.

완성

풀칠 붙이는 곳

풀칠 붙이는 곳

풀칠 붙이는 곳

25과

예수님은 우리의 완전한 구원자세요 | 마태복음 3:13~17

예수님은 참 하나님, 참 사람이셔서 우리를 위한 완전한 구원자가 되세요.
내가 만드는 팝업북! 세례 받으시는 예수님을 만나요.

완성

♥풀칠

★풀칠

풀칠

풀칠

붙이는 곳

예수님이 하나님 나라 승리를 보여주셨어요 | 마태복음 4:1~11

예수님은 마귀의 시험을 이기심으로 하나님 나라의 승리를 보여주셨어요.
승리의 돌림판을 만들며 말씀으로 이기신 예수님의 이야기를 알아보아요.

여기서 뛰어내려 보아라!
하나님을 시험하지 말라!
하나님만 예배하라!
나에게 절해라!
돌로 떡을
만들어 먹어라!
하나님의
말씀으로
살 것이라!

완성

브이브이! 하나님 나라

예수님처럼 말씀으로 이겨요.

27과

예수님은 하나님 나라를 위해 제자를 부르셨어요 | 마태복음 4:18~22

예수님은 하나님 나라를 위해 나를 제자로 부르셨어요.
'나는 예수님의 제자' 머리띠를 만들고 역할극을 해보아요.

완성

풀칠

28과 하나님 나라 백성은 복된 사람들이에요 | 마태복음 5:1~12

하나님 나라 백성은 복된 사람들로서 예수님의 가르침을 따라요.
돌돌~ 돌려서 보는 팔복 카드놀이를 하며 예수님을 따라 복의 길로 걸어가요.

완성

29과

하나님 나라 백성은 예수님처럼 기도해요 | 미태복음 6:5~13

하나님 나라 백성은 예수님이 가르쳐주신 기도와 삶의 자세로 살아야 해요.
주기도문 리스를 만들고 예수님처럼 기도하고 배운대로 살아요.

완성

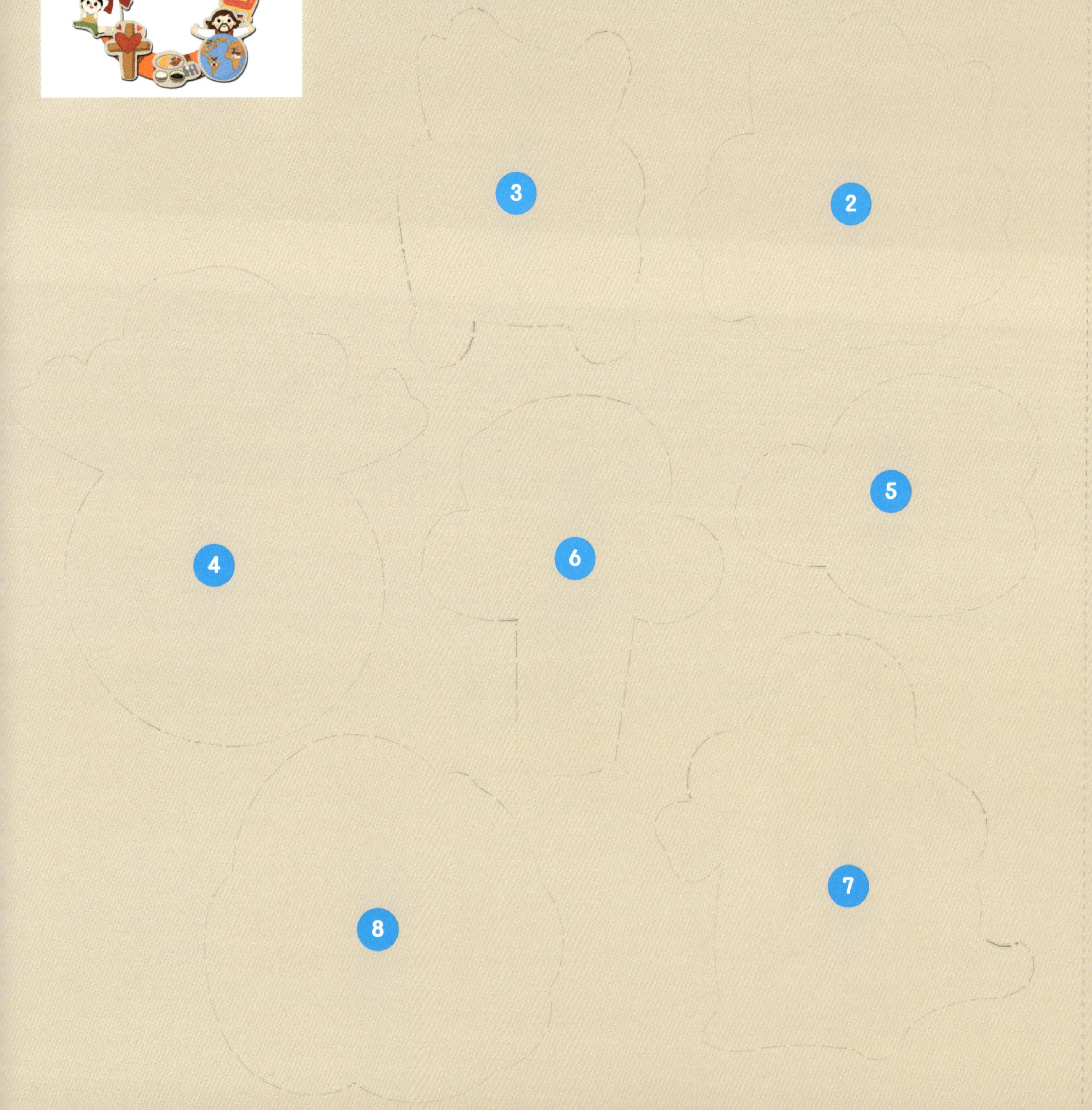

주기도문

주기도문

2 하늘에 계신 우리 아버지여

3 이름이 거룩히 여김을 받으시오며

4 나라이 임하옵시며 뜻이 하늘에서 이룬 것같이 땅에서도 이루어지이다

5 오늘날 우리에게 일용할 양식을 주옵시고

6 우리가 우리에게 죄 지은 자를 사하여 준 것같이 우리 죄를 사하여 주옵시고

7 우리를 시험에 들게 하지 마옵시고 다만 악에서 구하옵소서

8 대개 나라와 권세와 영광이 아버지께 영원히 있사옵나이다 아멘

주기도문

하늘에 계신
우리 아버지여

이름이
거룩히 여김을
받으시오며

나라이 임하옵시며
뜻이 하늘에서
이룬 것같이
땅에서도 이루어지이다

오늘날 우리에게
일용할 양식을
주옵시고

우리가 우리에게
죄 지은 자를 사하여 준 것같이
우리 죄를 사하여 주옵시고

우리를
시험에 들게 하지
마옵시고
다만 악에서
구하옵소서

대개 나라와 권세와
영광이 아버지께 영원히
있사옵나이다 아멘

1

30과

하나님 나라 백성은 행함으로 믿음을 나타내요

| 마태복음 7:15~29

하나님 나라 백성은 말만 하지 않고 행함으로 믿음을 나타내요.
좋은 열매 맺는 나무! 나의 나무를 만들고 삶의 열매를 돌아보아요.

완성

풀칠

풀칠

풀칠

풀칠

풀칠

풀칠

31과

예수님이 바람과 바다를 잔잔하게 하셨어요 | 마가복음 4:35~41

예수님은 창조 세계를 다스리시는 진정한 왕이세요.
나와라, 나와라~ 이야기 극장! 돌려가며 이야기를 만들어 보아요.

완성

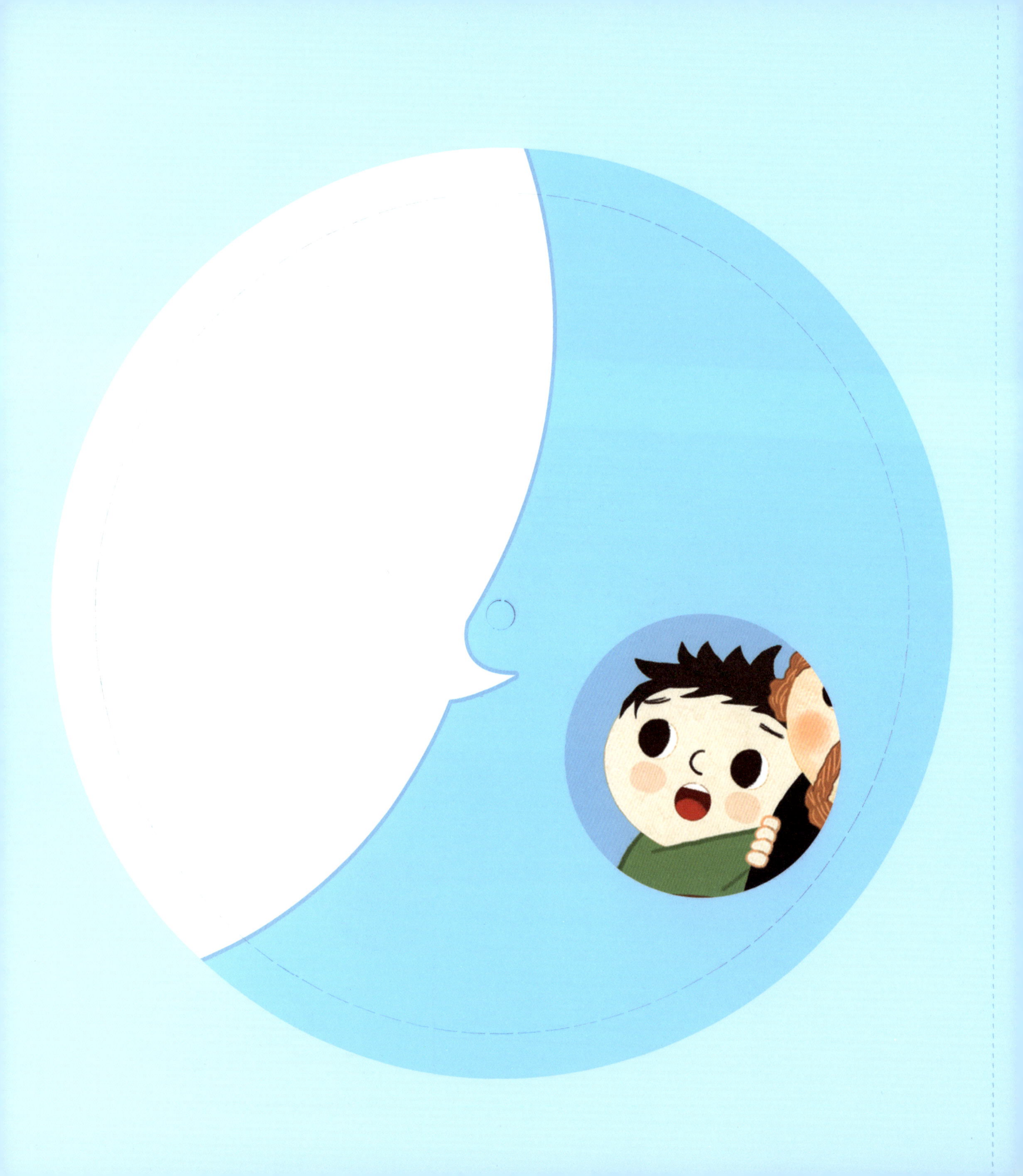

32과

예수님이 귀신 들린 사람을 고치셨어요 | 마가복음 5:1~20

예수님은 사탄을 무너뜨리고 참된 왕이심을 보여주세요.
선을 따라 오리고 알맞은 곳에 붙여, 이어지는 다음 이야기를 완성해요.

완성

33과 예수님이 오천 명을 먹이셨어요 | 마가복음 6:30~44

예수님은 그의 백성을 풍성하게 먹이시는 왕이세요.
능력 팡팡, 예수님! 동글동글 나와라! 그림책을 만들어 보아요.

예수님이
떡과 물고기를
가지고
기도하셨어요

완성

많은 사람이
배불리 먹고 남았어요

예수님 안에서 참 행복과 만족을
얻을 수 있어요

34과 예수님은 나의 주님, 나의 구원자세요 | 마가복음 8:27~38

예수님은 나의 주님이시며 나를 구원하신 그리스도세요.
테이블 고백 깃발을 멋지게 꾸미고 예수님께 고백해요.

완성

35과

예수님을 만난 사람은 예수님께 사랑을 표현해요 | 누가복음 7:36~47

예수님을 만난 사람은 죄 사함 받은 것을 알고 예수님께 사랑을 표현해요.
예수님께 드릴 향유병에 나는 무엇을 담을지 그림이나 글로 표현해 보아요.

완성

붙이는 곳

풀칠

36과 예수님을 만난 사람은 이웃에게 사랑을 표현해요 | 누가복음 10:25~37

예수님을 만난 사람은 말씀을 삶으로 나타내요.
나는 좋은 이웃! 어려움 당한 이웃을 돌아보고 사랑을 베풀어요.

1

⑤
■ 풀칠

이웃!

④
★ 붙이는 곳

나

⑧
♥ 붙이는 곳

①
● 풀칠

3

완성

37과

예수님을 만난 사람은 예수님께 진정한 감사를 드려요 | 누가복음 17:11~19

예수님을 만난 사람은 예수님께 나아와 진정한 감사를 드려요.
감사 인형을 만들고 예수님이 베풀어주신 은혜를 찾아 감사를 표현해 보아요.

예수님,
감사합니다!

완성

38과 삭개오가 예수님을 만나 변화되었어요 | 누가복음 19:1~10

예수님을 만난 사람은 삶의 태도를 바꾸어 새로운 방식의 삶을 살아가요.
예수님을 만난 삭개오를 이야기 극장에서 만나 보아요.

완성

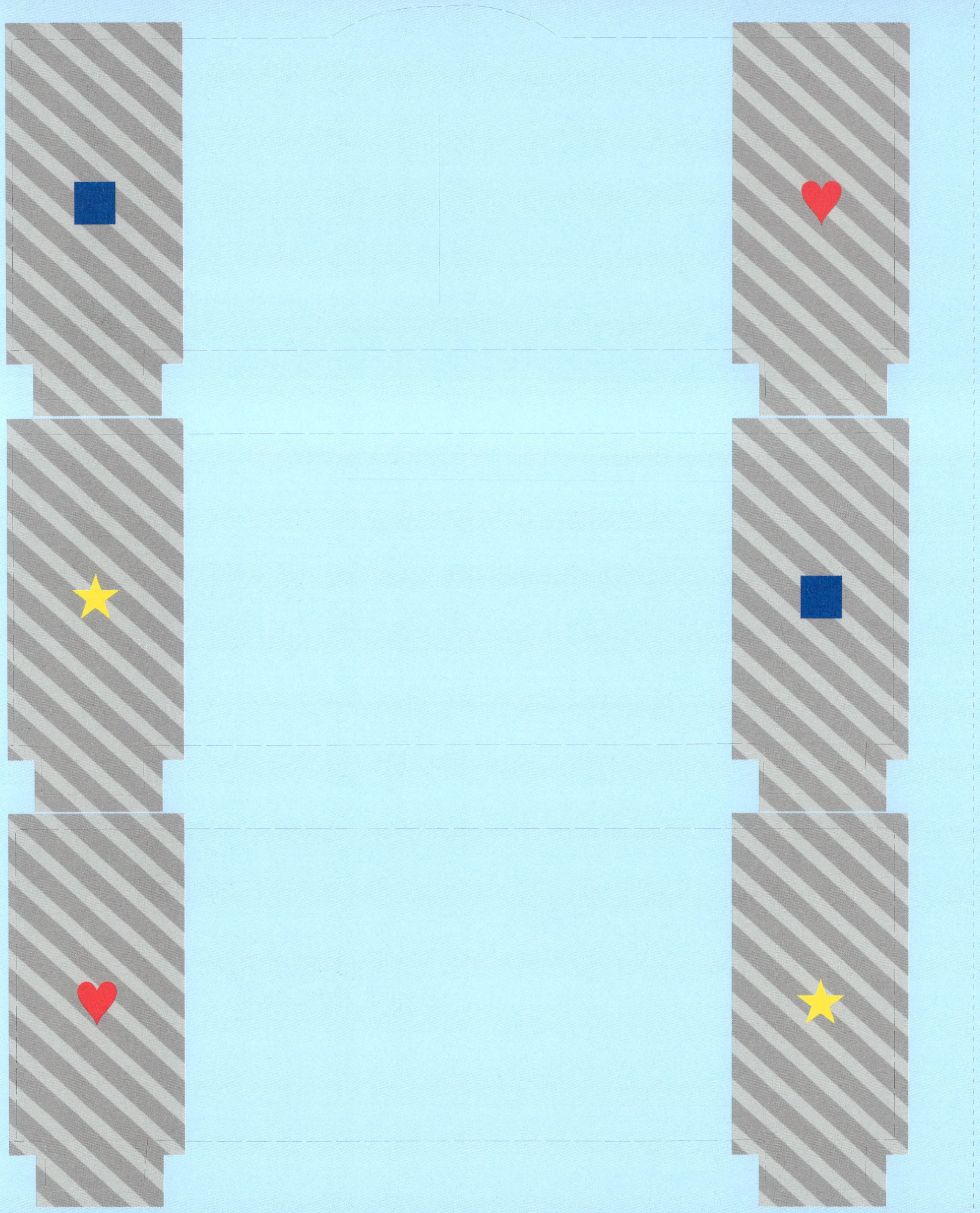

풀칠

풀칠

풀칠

풀칠

풀칠

풀칠

풀칠

풀칠

풀칠 풀칠 풀칠

풀칠

♥ ★ ★ ♥

♥ ★ ★ ♥

♥ 붙이는 곳

♥ 붙이는 곳

39과 예수님만이 영원한 생명을 얻는 길이에요 | 요한복음 3:1~16

예수님을 믿는 사람은 하나님 나라의 영원한 생명을 얻어요.
알록달록 복음 케이크를 장식하고, 예수님 안에서 영원한 생명을 얻은 것을 축하해요.

- 성장
- 하나님, 천국, 영생
- 죄 사함, 의롭게 됨
- 예수님의 보혈, 십자가
- 사람의 죄, 타락한 세상, 지옥

요한복음 3:16

하나님( )이 세상( )을 이처럼 사랑하사 독생자( )를 주셨으니
누구든지( ) 예수( ) 믿으면 멸망하지 않고( ) 영생( )을 얻으리라

완성

40과

영과 진리로 참된 예배를 드릴 수 있어요 | 요한복음 4:7~26

예수님을 믿는 사람은 영과 진리로 하나님께 참된 예배를 드릴 수 있어요.
열었다 닫았다 여닫이책을 만들고, 하나님이 찾으시는 참된 예배자를 찾아보아요.

완성

41과

예수님은 참 포도나무, 우리는 가지예요 | 요한복음 15:1~11

예수님을 믿는 사람은 참 포도나무이신 예수님께 붙어 있어서 열매를 맺을 수 있어요.
예수님께 붙어 있는 나는 튼튼 가지! 삶으로 나타나는 열매들을 살펴보아요.

완성

풀칠

풀칠

42과 예수님이 성령님을 보내주신다고 약속하셨어요 | 요한복음 16:7~14

예수님이 약속하신 성령님은 우리를 진리로 인도하세요.
이야기 극장을 만들고 그림판을 넣어 이야기를 완성해 보아요.

붙이는 곳

풀칠

풀칠

붙이는 곳

완성

1

2

3

4

43과

예수님은 우리에게 부활의 믿음을 주세요 | 요한복음 20:24~29

부활하신 예수님을 의심하지 않고 믿는 것이 복이에요.
의심 많은 도마 이야기를 완성하고 예수님의 부활을 믿는 복된 자로 살아가요.

완성

너는 나를 본 고로 믿느냐
보지 못하고 믿는 자들은 복되도다(요 20:29 하반절)
나의 주님,
나의 하나님!
너희에게 평강이 있을지어다

44과 예수님은 우리에게 사명을 주세요 | 요한복음 21:15~19

예수님은 하나님 나라 백성에게 사명을 주시고 함께해 주세요.
내가 예수님을 얼마나 많이 사랑하는지 생각해 보고, 사명 선언문을 만들어 보아요.

사명선언문

나 ○○○ (은)는

예수님을 정말 많이

사랑해요!

말씀에 순종할 수 있어요!

복음을 전해요!

사랑을 나누며 살아요!

빨대 붙이는 곳

I LOVE JESUS

완성

사명선언문
나 (은)는
예수님을 정말 많이
사랑해요!
말씀에 순종할 수 있어요!
복음을 전해요!
사랑을 나누며 살아요!

전도선교 주일

모든 사람에게 복음을 전해요 | 마태복음 28:18~20

복음 전도는 하나님 나라 백성의 사명이에요.
내가 바로 복음 전도자! 복음이 필요한 나라를 골라 기도손 스티커를 붙이고 함께 기도해요.

이집트는 옛날에는 기독교 국가였는데
지금은 많은 사람이 이슬람교를 믿는 무슬림들이에요.
그래서 복음을 들을 기회가 거의 없고
전도하기도 너무 어려워요.

나이지리아는 아프리카 중에서 가장 인구가 많아요.
최근 들어 기독교인이 많이 줄어들고,
예수님을 거부해서 기독교인들이 마을에서 쫓겨나고
학교도 다니지 못해요.

북한처럼 중국도 예수님을 믿지 못하게
교회를 불태우고, 십자가를 무너뜨려요.
지금도 많은 사람이 예수님을 믿는다는 이유로
감옥에 갇혀 있어요.

북한에서는 숨어서 예수님을 믿어요.
예수님을 믿으면 죽이기 때문이에요.
북한의 친구들이 예수님을 믿을 수 있게
기도해 주세요.

인도는 종교박물관이라고 할 만큼 우상이 많아요.
기독교를 남의 나라를 침략한
나쁜 종교라고 생각하기 때문에
아주 많이 괴롭혀요.

일본은 천황을 신으로 모시고, 집집마다 조상을
신으로 섬겨서 아주 많은 우상이 있는 나라예요.
많은 나라가 오랜 시간 전도했지만
아직도 예수님을 모르고,
교회가 없는 곳이 많아요.

중국
북한
일본

이집트
인도
나이지리아

완성

이단경계 주일

깨어서 이단을 분별해요 | 마태복음 24:4~5, 요한복음 10:7~18

사람의 미혹을 주의하고 참 목자의 음성을 따라가야 해요.
왼쪽에서는 주어진 글을 잘 읽고 '나'를 찾아보고, 오른쪽에서는 설명을 잘 듣고 '나'를 완성해 주어요.

GAME 1 '잘 읽고' 나를 찾아봐요

① 나는 줄무늬 티셔츠를 입었어요.
② 여러 색이 들어 있는 모자를 썼지요.
③ 내 장난감은 동물 모양이에요.

GAME 2 '잘 듣고' 스티커 붙이기 게임

지금부터 선생님의 말을 잘 듣고
알맞은 스티커로 '나의 옷'을 입혀 주세요.

완성

두 목자의 그림에 자유롭게 색칠해요.

추수감사 주일

염려하지 말고 주님께 감사해요 | 누가복음 12:22~30

염려하지 말고, 모든 것을 아시고 돌보시는 하나님께 감사해야 해요.
감사 시계를 보면서 하나님이 우리에게 주신 것들이 무엇인지 살펴보아요.

★ 주사위 게임으로 진행할 경우에는
p. 83 스티커를 주사위에 붙여 활용하세요.

완성

성탄주일

왕이신 예수님의 탄생을 기뻐해요 | 마태복음 2:1~12

왕이신 예수님의 탄생을 경배하며 기뻐해요.
오늘은 나도 동방박사! 예수님의 탄생을 경배하며 선물을 드려요.

완성

양면 테이프

출석판

교회에 왔어요!

이름 ______________________

제　　　호

칭찬상

이름 ______________________

위 어린이는 주일날 교회에 와서

기에

이 상장을 주어 칭찬합니다.

20　　년　　월　　일

교회　　　　　　부

제 호

수료증

하나님 나라 어린이 ____________________

위 어린이는 하나 바이블 2과정을
훌륭하게 마쳤으므로 이 상장을 드립니다.

20 년 월 일

교회 부

말씀 안에서 행복한 우리

사진 붙이는 곳

사진 붙이는 곳

사진 붙이는 곳

사진 붙이는 곳

사진 붙이는 곳

의
생일을
축하해요!
보슬이

붙이는 곳
까슬이
풀칠

25

내 사랑하는 아들이요
내 기뻐하는 자라

23

예수

임마누엘

26

30

좋은 열매 맺는 나무

네네,
예수님!

27

★ 31과 스티커는 79p에 있습니다.

33

34

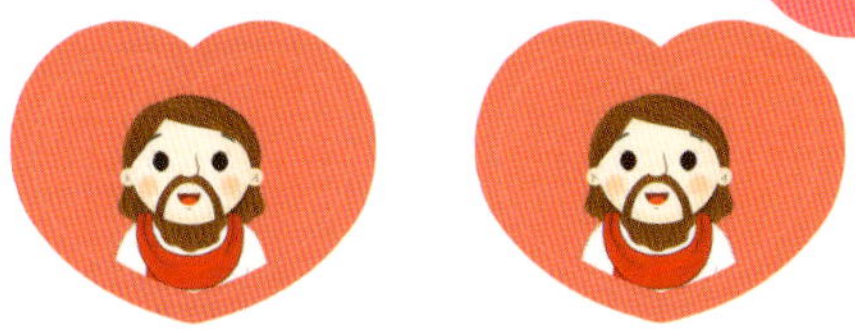

33

31

36

나는
좋은 이웃!

예수님,
감사합니다!

37

41

40

전도선교
주일

44

43

나는 예수님 손의
못 자국과 옆구리를
보지 않고는
믿지 못하겠어.

이단경계
주일

성탄 주일

★ 주사위에 붙여 활동하세요.

추수감사 주일

출석 스티커

암송 스티커

칭찬 스티커

유치부 2과정·2학기 학생용

기획 | 총회교육개발원 **총괄** | 총회총무 박용규
총회교육개발원 원장 | 노영주
선임연구원 | 한유완
연구원 | 성초희 문성광 남기숙 배승리
교육과정 | 김광열 김희석 김희자 신국원 유은희 이관직 조호형
공과집필 | 팀장 남기숙 강희선 김미영 박민영 박주경 소홍희 윤이나 이윤지 최란 최정문 한용자
감수 | (교수) 김광열 김대혁 김상훈 김요섭 김희석 김희자 유은희 (목회자) 송태근 강진상 배만석
교정 | 송지수 **그림** | 최은민 **표지·내지 디자인** | 지온커뮤니케이션
App 개발 | 주식회사 노드블랙

하나바이블

초판 발행 | 2022년 5월 30일 **초판 3쇄** | 2025년 7월 2일
편집 | 대한예수교장로회총회 교육개발원
제작 | 대한예수교장로회총회 출판부
출판팀 팀장 | 오은총
부팀장 | 조미예 김경환
발행 | 대한예수교장로회총회
주소 | 06177 서울시 강남구 영동대로 330
전화 | 02-559-5649(교육개발원) 02-559-5655~7(출판팀)
팩스 | 02-559-8490(교육개발원) 02-6940-9384(출판팀)
홈페이지 | www.총회교육.com www.holyonebook.com
제조국 | 대한민국

대한예수교장로회총회

ISBN 979-11-92120-25-6(04230)
979-11-92120-22-5(04230) 세트
값 9,000원

하나 바이블

The Kingdom of God in the Bible
하나 바이블은 성경 속에서 **하나님 나라**를 배우는 책입니다.
왕관은 하나님의 통치, 길은 하나님 나라 백성의 삶을 의미합니다.

더하나바이블
APP 다운로드 QR코드

유치부
2과정·2학기
학생용

가정용
홈워크북

"하나님 나라의 실현"

하나 바이블

이름 :

하나 바이블 | The Kingdom of God in the Bible

하나 바이블은 성경 속에서 **하나님 나라**를 배우는 책입니다.
왕관은 하나님의 통치, 길은 하나님 나라 백성의 삶을 의미합니다.

유치부
2과정 · 2학기
학생용

"하나님 나라의 실현"

하나 바이블

가정용
홈워크북

대한예수교장로회총회

07 짜잔! 브이! 하나님 나라

08 말씀 따라! 하나님 나라

09 능력 팡팡! 하나님 나라

10 사랑 가득! 하나님 나라

11 열매 송송! 하나님 나라

12 함께해요! 하나님 나라

절기 & 특별공과

부록

홈워크북은 이렇게 활용해 주세요!

교회에서

1. 주중에 활동할 수 있도록 유아에게 그 주에 해당하는 과의 홈워크북을 설명하고 가정으로 보내 주세요.
   (예: 교회에서 23과 워크북 활동 후 23과 홈워크북 활동을 설명하고 보냅니다.)
2. 확인 스티커, 실천 스티커는 한 번에 모두 가정으로 보내 주세요.
3. 가정에서 홈워크북 활동 후 다시 교회로 가져오면
   교회 확인란에 미리 준비한 스티커를 붙여 주세요.
4. 한 학기 동안 보관한 후 묶어서 성경 스토리북으로 만들어 주세요.
   (유아 개별 화일이나 봉투를 준비하여 보관해 주세요.)

▲ 성경 스토리북 앞표지

▲ 성경 스토리북 뒤표지

가정에서

1. 주중에 홈워크북 활동 요일과 시간을 정해서 활동할 수 있도록 지도해 주세요.
2. 활동 후에 가정 확인란에 확인 스티커를 붙여 주세요.
3. 실천 스티커를 붙이는 과에는 실천 스티커를 활용해 주세요.
4. 홈워크북 활동 후 다음 주에 꼭 교회로 보내 주세요.
5. 매달 첫 주에 보내는 가정안내문을 통해
   가정연계 신앙교육이 되도록 해주세요.
6. QR코드로 단원 챈트와 단원송 영상을 보여 주세요.
7. 더하나바이블 앱에서 유치부를 선택해 성경내용을 복습해 주세요.
   (앱 하단의 콘텐츠를 클릭: 부서에서 유치부 선택 ▶ 학기/과정 ▶ 과 선택)

부록은 이렇게 활용해 주세요!

가정안내문 단원별 가정안내문은 각 단원의 첫 과(23·27·31·35·39·42과)의 홈워크북 활동지를 보낼 때 같이 가정으로 보내 주세요(앞면: 단원 설명, 뒷면: 단원 암송구절, 홈워크북 정답, 단원 영상 및 찬양).

스티커 실천 스티커는 홈워크북 활동 중 해당되는 과에서 사용해 주세요.
확인 스티커는 홈워크북 활동 후 매 과마다 사용해 주세요(가정 확인란).

그림으로 보는

하나님 나라 파노라마

23

하나님은 예수님을 통해
하나님 나라를 다스리세요

24

하나님은 아기 예수님을
지켜주셨어요

25

예수님은 우리의
완전한 구원자세요

26

예수님이 하나님 나라
승리를 보여주셨어요

27

예수님은 하나님 나라를
위해 제자를 부르셨어요

28

하나님 나라 백성은
복된 사람들이에요

29

하나님 나라 백성은
예수님처럼 기도해요

30

하나님 나라 백성은
행함으로 믿음을 나타내요

31

예수님이 바람과 바다를
잔잔하게 하셨어요

32

예수님이 귀신 들린
사람을 고치셨어요

33

예수님이 오천 명을
먹이셨어요

34

예수님은 나의 주님,
나의 구원자세요

35

예수님을 만난 사람은
예수님께 사랑을 표현해요

36

예수님을 만난 사람은
이웃에게 사랑을 표현해요

37

예수님을 만난 사람은
예수님께 진정한 감사를 드려요

38

삭개오가 예수님을 만나
변화되었어요

39

예수님만이 영원한 생명을
얻는 길이에요

40

영과 진리로 참된 예배를
드릴 수 있어요

41

예수님은 참 포도나무,
우리는 가지예요

42

예수님이 성령님을
보내주신다고 약속하셨어요

43

예수님은 우리에게
부활의 믿음을 주세요

44

예수님은 우리에게
사명을 주세요

▶ 스티커를 붙여 그림을 완성하세요.

23과 | 마태복음 1장 18~25절

하나님은 예수님을 통해 하나님 나라를 다스리세요

요셉의 **꿈** 속에 천사가 나타나 이야기했어요.
“마리아가 **아기**를 가진 것은 성령님이 하신 일이란다. **아기** 이름을 **예수**라고 하여라!”
이 **아기**는 우리를 **죄에서** **구원하실** **예수님**이세요. 하나님은 **예수님**을 통해 하나님 나라를 **다스리세요.**

23과 두루마리 성경책에 있는 그림자가 어느 그림의 일부인지 찾아서 연결해요.

○○(아)야, 하나님이 구약에서 약속하신 그대로 예수님이 이 땅에 오셨단다. 예수님이 오셔서 하나님 나라를 다스리시고, 자기 백성을 죄에서 구원하셨어. 왼쪽의 그림자와 맞는 글과 그림을 연결하고, 말씀대로 오신 예수님께 감사하자.

 • • 처녀가 잉태하여 • • 

 • • 아들을 낳으리니 • • 

 • • 그 이름을 예수 • • 

* 잉태: 아기를 배는 것, 같은 말 '임신'
* 예수: 자기 백성을 그들의 죄에서 구원할 자

꼭꼭이 가정 활동 말씀을 읽고 따라서 기도해요!　　활동일　　월　　일

마태복음 1장 23절 I
보라 처녀가 잉태하여 아들을 낳을 것이요 그의 이름은 임마누엘이라 하리라 하셨으니 이를 번역한즉 하나님이 우리와 함께 계시다 함이라

하나님, 우리에게 약속하신 예수님을 이 땅에 보내주셔서 감사해요. 예수님을 믿고 구원받는 자녀가 되게 해주세요. 예수님의 이름으로 기도합니다. 아멘.

가정　교회

7단원 암송　7단원 찬양

24과

| 마태복음 2장 13~23절

하나님은 아기 예수님을 지켜주셨어요

▶ 스티커를 붙여 그림을 완성하세요.

"내가 왕인데 다른 왕이 태어났다니!" 헤롯 왕은 화가 났어요.
"아기 예수님을 데리고 애굽으로 가거라." 천사가 요셉의 꿈에 나타나 헤롯 왕을 피해 떠나라고 알려주었어요.
하나님께서 아기 예수님을 지켜주셨어요.

24과 별을 보고 예수님께로 출발! 헤롯 왕을 피해 도착점까지!

○○(아)야, 하나님은 동방박사들에게 특별한 별을 보내셔서 아기 왕께 경배하게 하셨지. 하지만 다시 자기 나라로 돌아갈 때는 헤롯 왕에게 가지 않도록 지시하셨단다. 예수님께 갈 때는 별을 따라서 가고 도착점까지는 헤롯 왕을 피해서 길을 따라가 보자. 아기 예수님을 지켜주신 하나님은 우리 ○○(이)도 지켜주신단다.

꼭꼭이 가정 활동 말씀을 읽고 따라서 기도해요!

활동일 월 일

마태복음 2장 23절 |
나사렛이란 동네에 가서 사니 이는 선지자로 하신 말씀에 나사렛 사람이라 칭하리라 하심을 이루려 함이러라

하나님, 아기 예수님을 지켜주신 것처럼 우리도 항상 지켜주셔서 감사해요. 어떤 어려움을 만나더라도 하나님 안에서 안전하게 해주세요. 예수님의 이름으로 기도합니다. 아멘.

가정 | 교회

7단원 암송 | 7단원 찬양

25과

| 마태복음 3장 13~17절

예수님은 우리의 완전한 구원자세요

▶ 도형 스티커를 붙여 그림을 완성하세요.

예수님이 **세례**를 받으실 때 하늘이 열리고 하나님의 음성이 들렸어요.
"이는 내 사랑하는 아들이요 내 기뻐하는 자라." 예수님은 우리의 구원자로서 **세례**를 받으셨어요.
예수님은 우리를 구원해 주시는 완전한 구원자세요.

25과 구원자로 오신 예수님을 색칠하며 믿음을 고백해요.

○○(아)야, 세례는 죄를 씻어 용서함 받는 것을 말한단다. 예수님은 아무 죄가 없으시지만 세례를 받으셔서 하나님의 뜻을 이루시고 우리의 완전한 구원자가 되어 주셨어. 우리를 구원하신 예수님께 감사하는 ○○(이)가 되자.

꼭꼭이 가정 활동 말씀을 읽고 따라서 기도해요! 활동일 월 일

마태복음 3장 17절 |
하늘로부터 소리가 있어 말씀하시되 이는 내 사랑하는 아들이요 내 기뻐하는 자라 하시니라

하나님, 우리의 완전한 구원자로 예수님을 보내주셔서 감사해요. 예수님 때문에 죄 사함을 받고 구원받게 된 것을 늘 감사하게 해주세요. 예수님의 이름으로 기도합니다. 아멘.

가정 | 교회

7단원 암송 | 7단원 찬양

26과

| 마태복음 4장 1~11절

예수님이 하나님 나라 승리를 보여주셨어요

▶ 퍼즐 스티커를 붙여 그림을 완성하세요.

예수님이 광야에서 마귀에게 시험을 받으셨어요.
"사람이 떡으로만 사는 것이 아니라 **하나님의 말씀으로** 사는 것이다!"
예수님은 **하나님의 말씀으로** 마귀의 시험을 이기셨어요. 예수님처럼 우리도 **말씀**으로 **승리**해요.

26과 말씀으로 승리한 모습을 찾아 미로를 통과하고, 말씀대로 실천해요.

예수님은 마귀의 모든 시험을 오직 말씀으로 이기셨단다. 시험을 만날 때 내 힘이나 다른 것을 의지하지 않고 오직 하나님의 말씀으로 이기려면 하나님의 말씀을 잘 읽고 외우고, 더 알아야겠지? 항상 말씀을 가까이하는 OO(이)가 되자.

말씀 ① 서로 사랑하라 ② 부모를 공경하라 ③ 이웃을 사랑하라
④ 먹을 것을 주신 이에게 감사하라 ⑤ 주의 손으로 만드신 것을 다스리게 하시고

꼭꼭이 가정 활동 말씀을 읽고 따라서 기도해요! 활동일 월 일

마태복음 4장 4절 |
예수께서 대답하여 이르시되 기록되었으되 사람이 떡으로만 살 것이 아니요 하나님의 입으로부터 나오는 모든 말씀으로 살 것이라 하였느니라 하시니

하나님, 예수님처럼 우리도 마귀의 유혹을 하나님 말씀으로 이길 수 있도록 도와주세요.
예수님의 이름으로 기도합니다. 아멘.

가정 교회

7단원 암송 7단원 찬양

27과

| 마태복음 4장 18~22절

예수님은 하나님 나라를 위해 제자를 부르셨어요

"나를 따라오너라! 내가 너희를 사람을 낚는 어부가 되게 하겠다!"
"네네, 예수님!" 베드로와 안드레, 야고보와 요한이 그물을 버리고 예수님을 따라갔어요.
예수님은 하나님 나라를 위해 제자를 부르셨어요.

▶ [보기]의 그림을 찾아 ○하세요.

27과 나는 예수님의 작은 제자! 실천하고 하트에 색칠해요.

○○(아)야, 예수님은 하나님 나라를 위해 제자들을 부르셨어. 그들은 예수님이 부르셨을 때 즉시 따랐단다. 우리 ○○(이)도 예수님이 부르시면 바로 달려가는 제자가 되자. 일주일 동안 실천하고, 하트에 예쁘게 색칠해 볼까?

>> 복음 전하기

누구에게:
언제:

>> 나누기

누구에게:
무엇으로:

>> 찬양하기

찬양 제목:
언제:

예수님, 내 마음에 1등!
예수님이 부르시면 바로 달려가요.

>> 기도하기

언제:
무엇을:

>> 칭찬하기

누구에게:
무엇을:

꼭꼭이 가정 활동 말씀을 읽고 따라서 기도해요!

활동일 월 일

마태복음 4장 19-20절 |
말씀하시되 나를 따라오라 내가 너희를 사람을 낚는 어부가 되게 하리라 하시니 그들이 곧 그물을 버려두고 예수를 따르니라

하나님, 예수님의 제자로 불러주셔서 감사해요. 예수님의 말씀에 바로 순종하는 멋진 제자가 되게 해주세요. 예수님의 이름으로 기도합니다. 아멘.

가정

교회

8단원 암송

8단원 찬양

복

28과

| 마태복음 5장 1~12절

하나님 나라 백성은 복된 사람들이에요

"마음이 가난한 사람은 천국을 갖게 된단다! 슬퍼하는 사람은 위로의 복을 받게 되지."
예수님은 하나, 둘, 셋, 넷…, 복 있는 사람에 대해 가르쳐 주셨어요.
하나님 나라 백성은 말씀을 따라 살아가는 복된 사람들이에요.

▶ 퍼즐 스티커를 붙여 그림을 완성하세요.

28과 하나님 나라 백성이 받는 복을 찾아 색칠하고, 사다리 놀이로 정답을 확인해요.

○○(아)야, 예수님은 하나님 나라 백성이 받는 복에 대해서 말씀하셨단다. 배운 말씀을 기억하면서 하나님 나라 친구들이 받는 복을 찾아 같은 색으로 칠한 뒤에 ○○(이)가 생각한 답이 맞는지 사다리 놀이를 통해 확인해 보자.

마음이 가난한 자는 | 애통하는 자는 | 긍휼히 여기는 자는 | 화평하게 하는 자는

천국을 선물로 받아요 | 긍휼히 여김을 받아요 | 하나님의 아들이라 불려요 | 위로를 받아요

* 마음이 가난하다: '오직 주님밖에 없다, 주님 없이 나는 아무것도 할 수 없다'는 마음 * 애통: 몹시 슬퍼하는 것 * 긍휼: 가엾게(불쌍히) 여겨 도움

꼭꼭이 가정 활동 말씀을 읽고 따라서 기도해요!

활동일 월 일

마태복음 5장 3절 |
심령이 가난한 자는 복이 있나니 천국이 그들의 것임이요

하나님, 우리를 하나님 나라 백성으로 불러주셔서 감사해요. 복된 하나님의 백성으로 살아가게 도와주세요. 예수님의 이름으로 기도합니다. 아멘.

가정 | 교회

8단원 암송 | 8단원 찬양

29과

| 마태복음 6장 5~13절

하나님 나라 백성은 예수님처럼 기도해요

"너희는 이렇게 기도하여라." 예수님은 제자들에게 기도를 가르쳐 주셨어요.
"하늘에 계신 우리 아버지여!" 하나님은 우리에게 있어야 할 것을 다 알고 계셔요.
예수님처럼 기도할 때 하나님은 기쁘게 받아주세요.

▶ 문장에서 '기도'라는 글자를 찾아 ○하고 스티커를 붙여 그림을 완성하세요.

29과 **주기도문 풍선에 알맞은 색을 찾아 완성해요.**

○○(아)야, 주기도문은 예수님이 가르쳐 주신 기도란다. 예수님은 하나님 나라 백성이 하나님의 뜻에 맞는 기도를 하고, 그러한 삶을 살도록 가르쳐 주셨지. 아래의 기도문과 맞는 풍선의 짝을 찾아 같은 색으로 칠해서 주기도문 풍선을 완성하자.

- (파랑) 하늘에 계신 우리 아버지여
- (주황) 이름이 거룩히 여김을 받으시오며
- (노랑) 나라이 임하옵시며 뜻이 하늘에서 이룬 것같이 땅에서도 이루어지이다
- (빨강) 오늘날 우리에게 일용할 양식을 주옵시고
- (초록) 우리가 우리에게 죄 지은 자를 사하여 준 것같이 우리 죄를 사하여 주옵시고
- (보라) 우리를 시험에 들게 하지 마옵시고 다만 악에서 구하옵소서
- (분홍) 대개 나라와 권세와 영광이 아버지께 영원히 있사옵니다. 아멘.

꼭꼭이 가정 활동 말씀을 읽고 따라서 기도해요! 활동일 월 일

마태복음 6장 10절 |
나라가 임하시오며 뜻이 하늘에서 이루어진 것같이 땅에서도 이루어지이다

하나님, 우리가 예수님이 가르쳐 주신 기도로 하나님의 뜻을 이루며 살아가게 해주세요.
예수님의 이름으로 기도합니다. 아멘.

가정

8단원 암송

교회

8단원 찬양

30과

| 마태복음 7장 15~29절

하나님 나라 백성은 행함으로 믿음을 나타내요

예수님이 제자들에게 말씀하셨어요. "거짓 선지자들을 조심해라. 그들은 **열매**를 보면 알 수 있단다.
'주여, 주여' 말만 하면 안 된다. 듣기만 해도 안 된다. 꼭 **믿음의 행동**을 보이렴."
하나님 나라 백성은 **행함**으로 **믿음**을 나타내요.

▶ 스티커를 붙여 그림을 완성하세요.

30과 오늘 내가 맺은 좋은 열매에 예쁘게 색칠해요.

○○(아)야, 하나님 나라 백성은 말만 하지 않고 행함으로 믿음을 나타낸단다. 말씀을 듣고 행할 때 좋은 열매를 맺을 수 있지. 오늘 내가 맺은 좋은 열매에 색칠하고, 행함으로 믿음을 나타내는 ○○(이)가 되자.

월						
화						
수						
목						
금						
토						
열매는 모두?	개	개	개	개	개	개

♥ 어떤 열매를 맺을 때 가장 기뻤나요? ♥ 어떤 열매를 맺는 것이 가장 어려운가요? (가족과 함께 자유롭게 이야기해 보세요.)

꼭꼭이 가정 활동 말씀을 읽고 따라서 기도해요!

활동일 월 일

마태복음 7장 20절 |
이러므로 그들의 열매로 그들을 알리라

하나님, 하나님의 말씀을 듣기만 하고, 말만 하는 사람이 아니라 하나님의 말씀대로 행하는 사람이 되게 해주세요. 예수님의 이름으로 기도합니다. 아멘.

가정

교회

8단원 암송

8단원 찬양

31과

| 마가복음 4장 35~41절

예수님이 바람과 바다를 잔잔하게 하셨어요

예수님과 제자들이 탄 배가 풍랑에 흔들흔들해요. "예수님, 무서워요! 도와주세요!"
"바람아, 잠잠하여라. 바다야, 고요해져라." **예수님이 명령하시자** 쉿! 바람도 바다도 **잔잔해졌어요.**
예수님은 **바람**과 **바다**를 **다스리시는 왕**이세요.

▶ 문장에서 '바'로 시작하는 말을 찾고 도형 스티커를 붙여 그림을 완성하세요.

31과 내가 무섭고 힘든 때는 언제인지 비어있는 곳에 써보아요.

○○(아)야, 예수님과 함께 있었지만, 풍랑을 만난 제자들은 무서워했어. 예수님이 정말 누구신지 알지 못했지. 예수님이 바람과 바다에게 말씀하시자 바람도 바다도 모두 잠잠해졌어. 예수님은 온 세상을 다스리는 왕이시란다. 우리 ○○(이)가 무섭고 힘들 때 함께 계시는 예수님이 온 세상의 왕이신 것을 늘 기억하자.

무섭고 힘들 때 어떻게 하나요?

(자유롭게 이야기해요.)

"왕이신 예수님, 도와주세요."

꼭꼭이 가정 활동 말씀을 읽고 따라서 기도해요!　　활동일　　월　　일

마가복음 4장 39절 |

예수께서 깨어 바람을 꾸짖으시며 바다더러 이르시되 잠잠하라 고요하라 하시니 바람이 그치고 아주 잔잔하여지더라

하나님, 온 세상을 다스리시는 예수님이 언제나 나를 안전하게 하신다는 것을 믿어요. 무섭고 힘들 때 가장 먼저 예수님께 말씀드리게 해주세요. 예수님의 이름으로 기도합니다. 아멘.

가정　　교회

9단원 암송　　9단원 찬양

32과

| 마가복음 5장 1~20절

예수님이 귀신 들린 사람을 고치셨어요

"더러운 귀신들아, 그 사람에게서 나오라."
예수님은 귀신에게 붙잡혀 괴로워하는 사람을 **구원해 주셨어요.**
"**예수님**이 저를 **고쳐주셨어요!**" 예수님이 하신 일에 모든 사람이 놀랐어요.

▶ [보기]의 그림을 찾아 ○하세요.

32과 거라사에서 일어난 일의 순서대로 번호를 쓰고 들은 이야기를 말해 보아요.

○○(아)야, 거라사 지방에 예수님이 왜 가셨는지, 누구를 만나셨는지 들은 말씀을 기억하며 순서에 맞게 번호를 써볼까? 예수님은 사탄을 무너뜨리시고 우리를 구원하시는 참된 왕이시란다. ○○(이)를 사랑하시는 하나님의 아들, 예수님을 전하자.

* 귀신: 하나님을 거역하고 타락한 영적 존재, 성경은 귀신에 대해 '더럽다', '악하다'로 표현

꼭꼭이 가정 활동 말씀을 읽고 따라서 기도해요!　활동일　　월　　일

마가복음 5장 20절 |
그가 가서 예수께서 자기에게 어떻게 큰 일 행하셨는지를 데가볼리에 전파하니 모든 사람이 놀랍게 여기더라

하나님, 귀신도 물리치시는 가장 강하신 예수님을 믿고 예수님이 하신 놀라운 일을 날마다 자랑하며 살게 해주세요. 예수님의 이름으로 기도합니다. 아멘.

가정　교회

9단원 암송　9단원 찬양

문장에 나온 숫자를 쓰고, 스티커를 붙여 그림을 완성하세요.

떡	물고기	남은 바구니
______ 개	______ 마리	______ 개

33과

| 마가복음 6장 30~44절

예수님이 오천 명을 먹이셨어요

꼬르륵~ "아이, 배고파."

예수님은 떡 다섯 개와 물고기 두 마리를 가지고 기도하신 후 많은 사람을 먹이셨어요.

"우와, 열두 바구니나 남았네!" **능력이 많으신 예수님**께서 오천 명을 먹이셨어요.

33과 숫자를 따라 선을 그리고, 예쁘게 색칠해 보아요.

○○(아)야, 한 아이가 가지고 온 떡과 물고기를 예수님께 드렸을 때, 오천 명이나 되는 사람들이 모두 배불리 먹고도 열두 바구니가 남았지. 사람들은 이 놀라운 기적을 보고 예수님이 하나님의 아들이신 것과 하나님 나라 백성에게 구원을 베푸시는 분인 것을 알게 되었어. 아래 그림을 완성하고, 우리에게도 놀라운 능력으로 구원을 베푸시는 예수님께 감사드리자.

꼭꼭이 가정 활동 말씀을 읽고 따라서 기도해요! 활동일 월 일

마가복음 6장 42~43절 |

다 배불리 먹고 남은 떡 조각과 물고기를 열두 바구니에 차게 거두었으며

하나님, 우리에게도 놀라운 구원을 베풀어 주셔서 감사해요. 언제나 예수님 안에서 만족하며 살게 해주세요. 예수님의 이름으로 기도합니다. 아멘.

가정 | 교회

9단원 암송 | 9단원 찬양

34과

| 마가복음 8장 27~38절

예수님은 나의 주님, 나의 구원자세요

뚜벅뚜벅 길을 가다가 예수님이 제자들에게 물으셨어요.
"너희는 나를 누구라 하느냐?" 베드로가 대답했어요.
"주는 **그리스도**시고 살아계신 **하나님의 아들**이십니다." 예수님은 나의 **주님**, 나의 **구원자**세요.

▶ **퍼즐 스티커**를 붙여 그림을 완성하세요.

34과 "너는 나를 누구라고 생각하니?" 예수님이 물어보시면 대답할 수 있어요.

○○(아)야, 예수님이 제자들에게 "너희는 나를 누구라 하느냐?"라고 물어보셨지? 만일 예수님이 우리 가족에게 물어보신다면 어떻게 대답할까? 말풍선에 우리의 고백을 쓰고, 예수님이 기뻐하셨던 고백을 손유희로 함께 고백해 보자.

예수님은
양손 엄지손가락을 차례로 앞으로 내민다.

나의 주님
한 손 엄지손가락을 위로 올리고 다른 손으로 받친다.

나의 구원자세요
옆의 손 모양을 한 채 가슴 쪽으로 끌어당긴다.

꼭꼭이 가정 활동 말씀을 읽고 따라서 기도해요!

활동일 월 일

마가복음 8장 29절 |
또 물으시되 너희는 나를 누구라 하느냐 베드로가 대답하여 이르되 주는 그리스도시니이다 하매

하나님, 예수님을 주인으로 모시고 매일매일 예수님을 따르는 믿음의 가족이 되게 해주세요. 예수님 이름으로 기도합니다. 아멘.

가정

교회

9단원 암송

9단원 찬양

35과

| 누가복음 7장 36~47절

예수님을 만난 사람은 예수님께 사랑을 표현해요

"흑흑흑, 나의 죄를 용서해 주신 예수님, 감사해요."
한 여인이 예수님의 발을 눈물로 적시고 머리카락으로 닦았어요.
쪼르륵, 아주 귀한 향유도 부었어요.
우리도 죄를 **용서**해 주신 예수님께 **사랑**을 표현해요.

▶ 문장에서 '몸'과 관계있는 말에 ○하고 [보기]의 그림을 찾아 ○하세요.

35과 나를 용서하신 예수님께 매일매일 사랑을 표현해요.

○○(아)야, 자신의 죄를 용서받은 여인은 예수님께 너무 감사했단다. 그래서 가장 소중하고 귀한 향유를 예수님께 드렸지. 예수님은 우리 ○○(이)의 죄도 용서해 주셨어. 보기에서 알맞은 말을 찾아 문장을 완성하여 고백하고, 예수님께 ○○(이)가 드릴 가장 소중하고 귀한 것은 무엇인지 생각해 보자.

요일	소리 내어 고백해요	고백 후 색칠해요
월	예수님께서 나의 죄를 **용서** 해 주신 것을 믿어요.	♡
화	예수님, 나의 ______ 를 용서해 주셔서 감사해요.	♡
수	나는 ______ 을 만났어요.	♡
목	나의 가장 ______ 것을 예수님께 드려요.	♡
금	언제나 예수님께 내 ______ 을 고백해요.	♡

| 보기 |

용서 / 죄 / 사랑 / 소중한 / 예수님

♥ 예수님께 나는 무엇을 드릴까? 나의 가장 소중하고 귀한 것을 말해 보아요.

꼭꼭이 가정 활동 말씀을 읽고 따라서 기도해요!

활동일 월 일

누가복음 7장 47절 |

이러므로 내가 네게 말하노니 그의 많은 죄가 사하여졌도다 이는 그의 사랑함이 많음이라 사함을 받은 일이 적은 자는 적게 사랑하느니라

하나님, 나의 죄를 용서해 주신 예수님의 큰 사랑을 알게 해주세요. 가장 소중한 것을 아낌없이 예수님께 드리는 믿음을 주세요. 예수님의 이름으로 기도합니다. 아멘.

가정

교회

10단원 암송

10단원 찬양

36과

| 누가복음 10장 25~37절

예수님을 만난 사람은 이웃에게 사랑을 표현해요

한 사람이 길에서 강도를 만나 쓰러져 있어요. "도와주세요!" 제사장도 레위인도 모두 그냥 지나갔어요.
"내가 도와줄게요!" 사마리아 사람이 와서 도와주었어요.
누가 좋은 이웃일까요? 이웃에게 달려가 도와주는 사람이에요.

▶ 도형 스티커를 붙여 그림을 완성하세요.

36과 나는 좋은 이웃! 어려운 이웃을 찾아 도와주어요.

○○(아)야, 예수님은 사마리아 사람처럼 어려운 사람을 마음 다해 도와주는 것이 바로 예수님의 사랑을 전하는 참된 이웃 사랑이라고 말씀하셨단다. 아래 그림에서 내가 도와야 할 이웃을 찾아 어떻게 도와주면 좋을지 이야기해 보자. 그리고 한 주간 실천한 일에 스티커를 붙여 보자.

꼭꼭이 가정 활동 말씀을 읽고 따라서 기도해요!

활동일 월 일

누가복음 10장 37절 |
이르되 자비를 베푼 자니이다 예수께서 이르시되 가서 너도 이와 같이 하라 하시니라

하나님, ○○(이)가 어려움 당한 이웃을 마음을 다해 사랑하고 돕는 예수님 닮은 아이로 자라가게 해주세요. 예수님의 이름으로 기도합니다. 아멘.

가정 교회

10단원 암송 10단원 찬양

37과

| 누가복음 17장 11~19절

예수님을 만난 사람은 예수님께 진정한 감사를 드려요

열 명의 한센병 환자가 예수님의 말씀대로 제사장에게 가던 중에 모두 병이 나았어요.
"와! 병이 나았다!" 그 중의 **아홉 명**은 집으로 갔고, **한** 사람만 예수님께로 돌아왔어요.
"예수님, 감사합니다. 하나님께 영광을 돌립니다." 오직 한 사람만 **예수님께 감사**를 드렸어요.

▶ 스티커를 붙여 그림을 완성하세요.

37과 나는 예수님께 매일매일 감사를 표현해요.

○○(아)야, 예수님께 고침을 받은 열 명의 한센병 환자 중 한 사람만 예수님께 돌아와 감사한 것을 기억하지? 우리에게 주시는 하나님의 크신 사랑을 우리 ○○(이)도 매일매일 감사하자. 그럼 오늘의 감사를 그림이나 글로 생각 그물에 표현해 볼까?

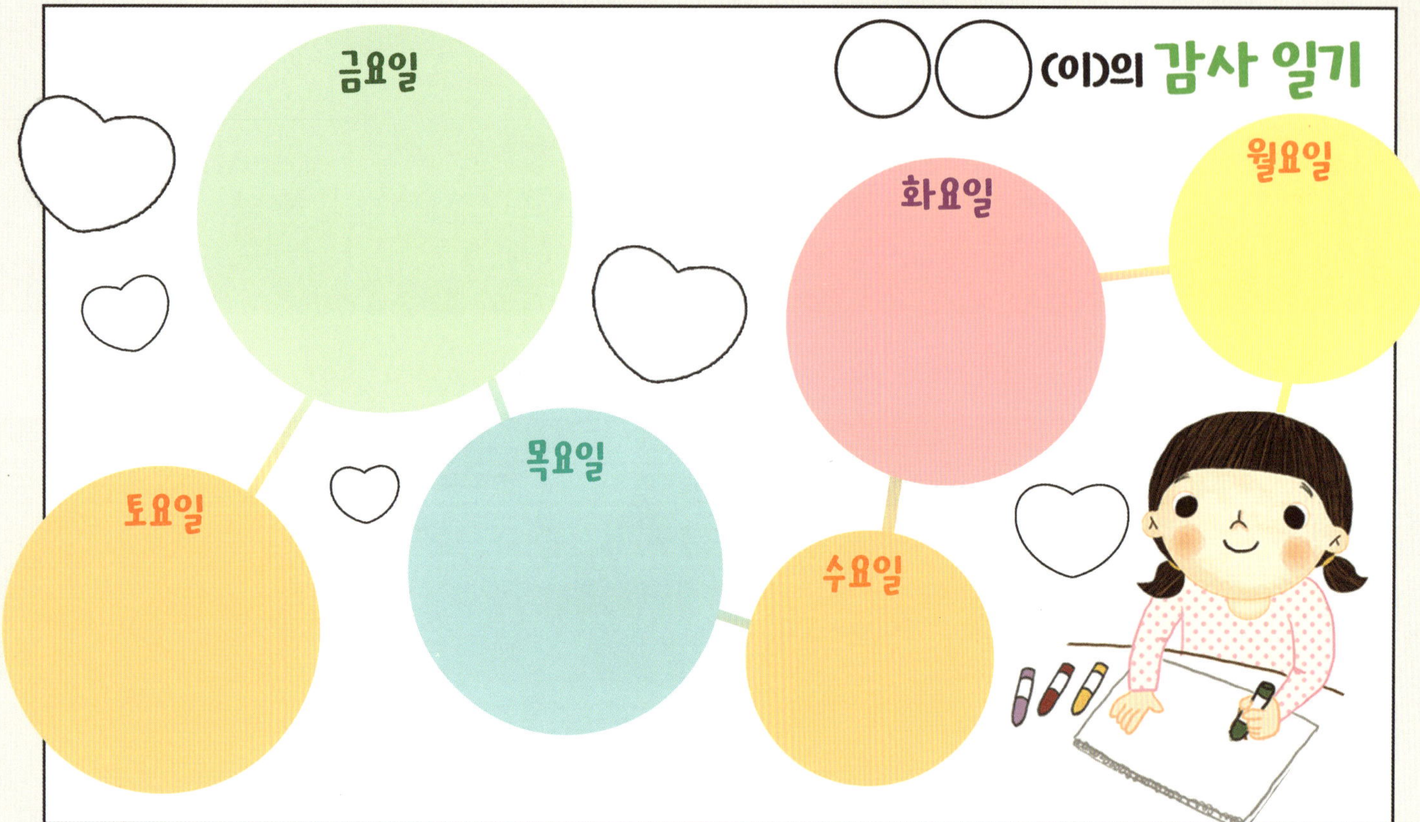

오	늘		가	장		기	쁘	고		행	복	했	던		일	은		무	엇
인	가	요	?		가	장		먼	저		하	나	님	께		감	사	했	나
요	?		오	늘	이		지	나	기		전	에		하	나	님	께		감
사	드	려	요	.															

꼭꼭이 가정 활동 말씀을 읽고 따라서 기도해요!

활동일 월 일

누가복음 17장 15-16절 |
그 중의 한 사람이 자기가 나은 것을 보고 큰 소리로 하나님께 영광을 돌리며 돌아와 예수의 발 아래에 엎드리어 감사하니 그는 사마리아 사람이라

하나님, 하나님이 베풀어주신 사랑을 알고 하나님께 드릴 감사를 바르게 표현하는 아이로 자라가게 해주세요. 예수님의 이름으로 기도합니다. 아멘.

가정
교회
10단원 암송
10단원 찬양

38과

| 누가복음 19장 1~10절

삭개오가 예수님을 만나 변화되었어요

스티커를 붙여 그림을 완성하세요.

"삭개오야, 내려오너라! 내가 오늘 **너와 함께할 거야.**" 예수님이 삭개오를 부르셨어요.
삭개오는 기쁜 마음으로 예수님을 자신의 집으로 모시고 갔어요.
"예수님, 제가 가진 것들을 나눠 줄게요." **예수님을 만난 삭개오는 변화되었어요.**

38과 예수님을 만나면 새로운 나로 변해요.

○○(아)야, 예수님은 죄인인 삭개오를 만나 주시고 친구가 되어 주셨단다. 예수님을 만난 삭개오는 자신의 잘못을 뉘우치고 새롭게 변화되었지. 죄인인 우리도 예수님을 만나면 새롭게 변화된단다. ○○(이)가 변화될 모습을 찾아 ○ 안에 좋아하는 색으로 칠해 보자.

꼭꼭이 가정 활동 말씀을 읽고 따라서 기도해요!　　활동일　　월　　일

누가복음 19장 10절 |
인자가 온 것은 잃어버린 자를 찾아 구원하려 함이니라

하나님, ○○(이)가 예수님을 만나게 해주세요. 그리고 예수님 때문에 변화된 것을 기뻐하며 살아가게 해주세요. 예수님의 이름으로 기도합니다. 아멘.

가정　　교회

10단원 암송　　10단원 찬양

39과

| 요한복음 3장 1~16절

예수님만이 영원한 생명을 얻는 길이에요

▶ 도형 스티커를 붙여 그림을 완성하세요.

캄캄한 밤에 니고데모가 예수님을 찾아왔어요. "선생님, 어떻게 하면 하나님 나라에 들어갈 수 있나요?"
예수님이 말씀하셨어요. "**나를 믿고** 물과 성령으로 **다시 태어나야** 한단다."
예수님만이 영원한 생명을 얻는 길이에요.

39과 하나님 나라에 들어가 영원한 생명을 얻는 비밀암호를 풀어라!

○○(아)야, 예수님은 니고데모에게 어떻게 해야 하나님 나라에 들어갈 수 있는지 알려주셨단다. 예수님이 ○○(이)의 죄를 대신해서 십자가에 죽으시고 다시 살아나신 것을 믿니? 어떻게 하면 하나님 나라에 들어가 영원한 생명을 얻게 되는지 암호를 풀어 알아보자.

암호풀기

예	생	수
자	님	영

① 하나님은 사람들이 구원받을 수 있도록 하나밖에 없는 아들 독 ☐ ☐ 를 주셨어요.

② 그리고 그를 믿는 자들은 ☐ ☐ 을 얻어요.

	② ↓	
① →	☐	
독	☐	☐

♥ 하나님 나라는 누가 들어갈까요? V로 표시해요.

- 돈이 많은 사람 ○
- 힘이 센 사람 ○
- 지식이 많은 사람 ○
- 예수님을 믿는 사람 ○

* 독생자
하나뿐인 아들, 외아들
(하나님의 외아들 = 예수님)
* 영생
영원한 생명

꼭꼭이 가정 활동 말씀을 읽고 따라서 기도해요! 활동일 월 일

요한복음 3장 16절 |
하나님이 세상을 이처럼 사랑하사 독생자를 주셨으니 이는 그를 믿는 자마다 멸망하지 않고 영생을 얻게 하려 하심이라

하나님, 우리에게 예수님을 믿는 믿음을 선물로 주시고, 영원한 생명을 얻게 하시니 감사합니다. 예수님을 믿는 믿음이 자라게 해주세요. 예수님의 이름으로 기도합니다. 아멘.

가정 / 교회

11단원 암송 / 11단원 찬양

40과

요한복음 4장 7~26절

영과 진리로 참된 예배를 드릴 수 있어요

▶ 퍼즐 스티커를 붙여 그림을 완성하세요.

"지금은 아무도 없을 거야." 햇볕이 쨍쨍 뜨거운 한낮, 사마리아 여인이 우물가에서 예수님을 만났어요.
"예수님! **참된 예배**는 어떻게 드려야 하나요?"
"하나님은 영이시니 **영**과 **진리**로 **참된 예배**를 드릴 수 있단다." 예수님이 알려 주셨어요.

40과 하나님이 찾으시는 예배자! 바로 저예요!

○○(아)야, 예수님은 우리가 영(성령)과 진리(말씀)로 하나님을 예배해야 한다고 말씀하셨어. 하나님은 참된 예배를 기뻐하신단다. 아래 그림에서 하나님이 찾으시는 예배자의 하트에 색칠하고, 참된 예배자라고 보기 어려운 친구는 누구이며 그 이유는 무엇인지 이야기해 보자.

꼭꼭이 가정 활동 말씀을 읽고 따라서 기도해요!

활동일 월 일

요한복음 4장 24절 |
하나님은 영이시니 예배하는 자가 영과 진리로 예배할지니라

하나님, 우리가 영과 진리로 참된 예배를 드리는, 하나님이 찾으시는 예배자가 되게 해주세요.
예수님의 이름으로 기도합니다. 아멘.

가정 교회

11단원 암송 11단원 찬양

41과

| 요한복음 15장 1~11절

예수님은 참 포도나무, 우리는 가지예요

예수님이 제자들에게 말씀하셨어요. "나는 참 포도나무요 너희는 가지란다.
열매를 맺으려면 너희는 내게 꼭꼭 붙어 있어야 해." **참 포도나무 예수님**께 꼭꼭 **붙어요.**
예수님 안에 있을 때 하나님이 기뻐하시는 **열매를 주렁주렁** 맺을 수 있어요.

▶ [보기]의 그림을 찾아 ○하세요.

41과 예수님은 포도나무, 나는 가지! 예쁘게 색칠해요.

○○(아)야, 가지는 나무에 꼭 붙어 있어야 주렁주렁 많은 열매를 맺을 수 있단다. 예수님을 믿는 우리도 예수님께 꼭 붙어 있을 때만 말씀의 열매를 맺을 수 있지. ○○(이)의 안에 있는 예수님의 말씀이 삶에서 열매를 풍성히 맺도록 예수님의 은혜를 의지하고 예수님 안에 거하자.

	포	도	나	무		가	지
예수님은					우리는		

꼭꼭이 가정 활동 말씀을 읽고 따라서 기도해요! 활동일 월 일

요한복음 15장 5절 |
나는 포도나무요 너희는 가지라 그가 내 안에, 내가 그 안에 거하면 사람이 열매를 많이 맺나니 나를 떠나서는 너희가 아무것도 할 수 없음이라

하나님, 예수님을 떠나지 않고 꼭 붙어 있어 주렁주렁 많은 믿음의 열매, 말씀의 열매를 맺는 ○○(이)가 되게 해주세요. 예수님 이름으로 기도드립니다. 아멘.

가정

교회

11단원 암송

11단원 찬양

42과

| 요한복음 16장 7~14절

예수님이 성령님을 보내주신다고 약속하셨어요

▶ 스티커를 붙여 그림을 완성하세요.

"예수님이 떠나가시면 우리는 어떻게 하지요?"
"걱정하지 말아라. 내가 하늘나라로 가면 성령님을 보내줄 거란다. 성령님이 너희와 함께하며 진리의 길로 인도해 주실 거야." 예수님이 약속하셨어요. 예수님이 보내주신 진리의 성령님을 따라가요.

42과 성령님이 하시는 일을 찾아 색칠해 보아요.

○○(아)야, 예수님은 하늘나라로 가시기 전에 제자들에게 성령님을 보내주시겠다고 약속하셨어. 예수님이 약속하신 성령님은 아주 특별한 일을 하신단다. 성령님이 하시는 특별한 일이 무엇인지 찾아서 색칠해 보고 성령님을 따라 살아가기로 다짐해 보자.

죄를 깨닫게 하세요.

예수님의 영광을 나타내세요.

우리를 위해 십자가에 달리셨어요.

우리를 진리의 길로 인도하세요.

꼭꼭이 가정 활동 말씀을 읽고 따라서 기도해요! 활동일 월 일

요한복음 16장 13절 |
그러나 진리의 성령이 오시면 그가 너희를 모든 진리 가운데로 인도하시리니 그가 스스로 말하지 않고 오직 들은 것을 말하며 장래 일을 너희에게 알리시리라

하나님, 예수님이 약속하신 대로 성령님을 보내주셔서 감사해요. 언제나 성령님의 인도하심을 따라 진리의 길을 걷는 믿음의 사람이 되게 해주세요. 예수님의 이름으로 기도합니다. 아멘.

가정 | 교회

12단원 암송 | 12단원 찬양

43과

| 요한복음 20장 24~29절

예수님은 우리에게 부활의 믿음을 주세요

"난 못 믿겠어." 의심하는 도마에게 예수님이 찾아오셨어요.
"네 손가락을 내밀어 만져 보아라." "정말 나의 주님, 나의 하나님이십니다."
예수님은 **보지 않고도 믿는 것**이 **더 복된 것**이라고 말씀하셨어요.

▶ 도형 스티커를 붙여 그림을 완성하세요.

43과 도마와 예수님의 대화를 찾아 바르게 연결해 보아요.

○○(아)야, 예수님은 예수님의 부활을 믿지 못했던 도마를 만나주시고 못 자국 난 손과 옆구리를 보여주시며 도마가 믿음을 가질 수 있도록 해주셨지. 그리고 예수님을 보지 못하고 믿는 자들을 복되다고 하셨단다. 우리를 위해 죽으시고 부활하신 예수님을 믿는 복된 믿음의 자녀로 살아가자!

나는 보지 않고는 믿지 않을 거야 ●　　　● 

너희에게 평강이 있을지어다 ●　　　● 

예수님은 나의 주님, 나의 하나님이십니다 ●　　　● 

보지 않고 믿는 자가 복되도다 ●　　　● 

나를 위해 죽으시고 부활하신 예수님을 믿어요.

꼭꼭이 가정 활동 말씀을 읽고 따라서 기도해요!

활동일　　월　　일

요한복음 20장 29절 |
예수께서 이르시되 너는 나를 본 고로 믿느냐 보지 못하고 믿는 자들은 복되도다 하시니라

하나님, 예수님이 보이지 않아도 ○○(이)에게 예수님을 믿는 은혜를 주셔서 감사해요. 예수님이 함께 하심을 믿고 예수님의 사랑을 느끼며 살아가게 해주세요. 예수님의 이름으로 기도합니다. 아멘.

가정　교회

12단원 암송　12단원 찬양

개 ______ 개 ______ 개 ______ 개 ______

44과

| 요한복음 21장 15~19절

예수님은 우리에게 사명을 주세요

"요한의 아들 시몬아, 네가 이 사람들보다 나를 더 **사랑**하느냐?"
"네, 주님! 제가 주님을 **사랑**합니다." "내 양을 먹이라." 예수님은 베드로에게 사명을 주셨어요.
예수님은 예수님을 사랑하는 우리에게도 **사명을 주세요.**

44과 "네가 나를 사랑하니?" 예수님이 물어보시면 대답할 수 있어요.

○○(아)야, 예수님께서 예수님을 사랑한다고 고백한 베드로에게 사명을 주신 거 기억하지? 사명은 하나님 나라 백성에게 주시는 멋진 일이란다. 때로 하기 힘들 때도 있지만 예수님이 할 수 있도록 도와주시지. 예수님께서 주신 사명이 무엇인지 살펴보고, ○○(이)가 행한 일에는 실천스티커를 붙여 보자.

1. 말씀에 순종할 수 있어요.

말씀에 순종하려면 먼저,

말씀 읽기 / 말씀 외우기 / 말씀 듣기

우리 가족이 순종해야 할 하나님의 말씀은 무엇일까요?

사랑하기 / 절제하기 / 우상 버리기

사명선언문

예수님을 많이 사랑하는 ○○○

2. 복음을 전해요.

누구에게 전할까요? (이름쓰기)

○ ○ ○

어떻게 전할까요?

전도할 사람을 (위해)

기도하기 / 복음 전하기 / 초대하기

3. 사랑을 나누며 살아요.

도와주기 / 같이 놀기 / 인사하기 / 어른 공경

꼭꼭이 가정 활동 말씀을 읽고 따라서 기도해요!　　활동일 　월 　일

요한복음 21장 17절 |

세 번째 이르시되 요한의 아들 시몬아 네가 나를 사랑하느냐 하시니 주께서 세 번째 네가 나를 사랑하느냐 하시므로 베드로가 근심하여 이르되 주님 모든 것을 아시오매 내가 주님을 사랑하는 줄을 주님께서 아시나이다 예수께서 이르시되 내 양을 먹이라

하나님, 예수님을 사랑하는 마음을 주셔서 감사해요. 사명도 주셔서 감사해요. 주신 사명을 매일 매일 지켜나가게 힘을 주세요. 예수님 이름으로 기도드립니다. 아멘.

12단원 암송　12단원 찬양

전도선교 주일

| 마태복음 28장 18~20절

모든 사람에게 복음을 전해요

“너희는 가서 모든 나라 사람들에게 복음을 전하고 가르쳐라.”
예수님이 제자들에게 땅끝 모든 사람에게 복음을 전하라고 하셨어요.
“네네, 예수님!” 우리도 모든 사람에게 복음을 전해요.

▶ 스티커를 붙여 그림을 완성하세요.

전도선교주일 다른 나라, 이웃, 가족에게 예수님의 복음이 전해지길 기도해요.

○○(아)야, 예수님은 세상 모든 사람에게 예수님을 전하라고 말씀하셨어. 예수님을 모르는 나라에 예수님을 전하러 가는 일을 선교라고 해. ○○(이)는 아직 어려서 선교하러 갈 수 없지만, 그 나라에 복음이 전해지길 기도할 수는 있단다. 복음이 전해져야 할 나라들을 살펴보고 매일 기도하자.

북한 중국 나이지리아 일본 이집트 인도

★ 나는 어느 나라에 예수님의 복음이 전해지도록 기도하기로 했나요?(　　　　)

★ 기도하고 있나요?

월	화	수	목	금	토
실천	실천	실천	실천	실천	실천

꼭꼭이 가정 활동 말씀을 읽고 따라서 기도해요!

활동일 　월 　일

가정 교회

마태복음 28장 19절 |

그러므로 너희는 가서 모든 민족을 제자로 삼아 아버지와 아들과 성령의 이름으로 세례를 베풀고

하나님, 우리에게 복음을 주셔서 감사해요. 복음이 필요한 나라, 이웃, 가족을 위해 기도하고, 예수님을 잘 전할 수 있도록 용기와 지혜를 주세요. 예수님의 이름으로 기도합니다. 아멘.

이단경계 주일

마태복음 24장 4~5절,
요한복음 10장 7~18절

깨어서 이단을 분별해요

"매애매애~" 양은 **목자의 음성을 듣고 따라가요.**
"나는 선한 목자라. 너희들을 위하여 내 목숨을 버리노라." **우리는 어린 양,** 예수님은 선한 목자예요.
선한 목자이신 **예수님**만 따라가요.

▶ 문장에서 '목자'라는 말을 찾아 ○하고,
[보기]의 그림을 찾아 ○하세요.

이단경계주일 비슷해 보여도 달라! 다른 곳 10군데를 찾아보아요.

○○(아)야, 거짓으로 미혹하는 삯꾼 목자(이단)에게 빠지지 않으려면 생명으로 인도하는 선한 목자이신 예수님의 말씀만 따라야 해. 두 그림에서 다른 곳 10군데를 찾아 오른쪽 그림에 ○하고, (보기) 중에 선한 목자와 관계있는 말에는 ○를, 삯꾼 목자와 관계있는 말에는 △를 표시해 보자.

보기

미혹	구원	거짓	멸망	생명
도둑질	달아나요	예수님	양을 지켜요	

* 미혹: 잘못된 것으로 속이는 것

꼭꼭이 가정 활동 말씀을 읽고 따라서 기도해요!

활동일 월 일

마태복음 24장 4절 하반절 |

너희가 사람의 미혹을 받지 않도록 주의하라

하나님, 우리에게 선한 목자 예수님을 주셔서 감사해요. 이단의 미혹에 빠지지 않고, 매일매일 예수님의 음성을 잘 듣고 따라가게 해주세요. 예수님 이름으로 기도드립니다. 아멘.

추수감사 주일

| 누가복음 12장 22~30절

염려하지 말고 주님께 감사해요

▶ 퍼즐 스티커를 붙여 그림을 완성하세요.

"까마귀를 보아라. 백합꽃을 보아라." 훨훨 나는 새와 활짝 핀 꽃을 키우시는 분은 하나님이세요.
"너희는 무엇을 먹을까 무엇을 마실까 걱정하지 말아라."
하나님이 모든 것을 주시니 염려하지 말고 감사해요.

추수감사주일 염려하지 않아요! 하나님이 내게 주신 좋은 것들로 빈 곳을 채워 보아요.

○○(아)야, 하늘의 새와 길가에 핀 예쁜 꽃을 누가 돌보시는지 아니? 바로 하나님이셔. 하나님은 새와 꽃들이 구하지 않아도 꼭 필요한 것으로 주시고 키우시지. 새나 꽃보다 더 귀한 ○○(이)에게 꼭 필요한 가장 좋은 것을 하나님이 주시고 돌보신다는 것을 기억하고, 염려하기보다 감사하는 ○○(이)가 되자.

* 염려: 생각할 염(念)+걱정할 려(慮), '걱정하는 마음', '여러 가지를 생각하며 걱정하는 것'

꼭꼭이 가정 활동 말씀을 읽고 따라서 기도해요! 활동일 월 일

가정 교회

누가복음 12장 29절 |
너희는 무엇을 먹을까 무엇을 마실까 하여 구하지 말며 근심하지도 말라

하나님, 우리가 필요로 하는 것보다 항상 더 좋은 것으로 주셔서 감사해요. 어떤 것도 염려하지 않고 모든 것에 감사하게 해주세요. 예수님의 이름으로 기도합니다. 아멘.

성탄 주일

| 마태복음 2장 1~12절

왕이신 예수님의 탄생을 기뻐해요

▶ [보기]의 그림을 찾아 ○하세요.

"저 별을 따라가면 왕을 만날 수 있을 거야." 한 발 두 발 동방박사들이 별을 따라가요.
"어, 저기 별이 멈췄네." 동방박사들은 아기 예수님께 황금과 유향과 몰약을 예물로 드렸어요.
"우리의 왕이 나셨다!" 왕이신 예수님의 탄생을 기뻐해요.

성탄주일 왕으로 오신 아기 예수님께 드릴 선물을 준비해요.

동방에서 별을 연구하던 박사들은 특별한 별을 보고 가장 귀한 황금과 유향과 몰약을 왕으로 태어날 아기께 경배하려고 준비했단다. 별을 따라 머나먼 베들레헴까지 찾아와 아기 예수님께 예물을 드렸지. 우리의 왕으로 오신 아기 예수님께 OO(이)가 드릴 가장 귀한 선물을 그리고, 보배합을 예쁘게 색칠하자.

* 선물의 의미
황금 - 예수님의 왕권
유향 - 예수님의 신성
몰약 - 예수님의 희생적 죽음과 장사

꼭꼭이 가정 활동 말씀을 읽고 따라서 기도해요!

활동일 월 일

가정 교회

마태복음 2장 11절 하반절 |
엎드려 아기께 경배하고 보배합을 열어 황금과 유향과 몰약을 예물로 드리니라

하나님, 이 땅에 왕으로 오신 아기 예수님께 가장 소중한 것을 기쁘게 드리는 믿음의 자녀가 되게 해주세요. 예수님의 이름으로 기도합니다. 아멘.

하나 바이블 가정안내문

7 단원 짜잔! 브이! 하나님 나라

_______________ 의 부모님께

안녕하세요! 부모님, 이번 학기부터는 새롭게 신약성경을 배웁니다. '하나님 나라 실현'이라는 큰 주제 아래 사복음서 말씀을 다룹니다. 하나님은 구약 예언의 성취로 오신 예수 그리스도를 통해 하나님 나라를 다스리십니다. 7단원에서는 마태복음을 통해 아기 예수님의 탄생과 성장 과정, 사역을 준비하시기 위해 세례를 받으시고 마귀의 시험에서 승리하신 예수님 이야기를 배웁니다. 예수님의 오심을 '짜잔!' 구원자 예수님의 승리를 '브이'로 표현하여 단원제목을, "짜잔! 브이! 하나님 나라"로 정하였으니, 제목을 함께 외치며 유아들에게 그 뜻을 잘 설명해 주세요. 예수님의 오심은 기쁨입니다. 예수님의 승리는 우리의 승리입니다.

23과에서는 유아들이 '예수' 이름의 뜻이 '우리를 죄에서 구원할 자'라는 것, 그분이 우리와 함께 계시는 임마누엘 하나님이라는 사실을 잘 알려주세요. **24과**에서는 헤롯의 악한 계획으로부터 아기 예수님을 보호해 주신 이야기를 통해 하나님이 우리 가정을 주권적인 능력으로 지키심에 감사하세요. **25과**에서는 죄가 없으신 예수님이 세례를 받으심은 하나님이시면서 사람으로서 우리 죄를 대속하실 완전한 구원자가 되시기 위함임을 가르쳐 주시고, **26과**에서는 예수님이 말씀으로 마귀의 유혹을 이기신 것을 배우고 우리 가정도 언제나 말씀을 붙잡고 승리하길 소망하게 해주세요. 주중에 가정에서 7단원 주제 찬양과 암송 찬양을 자주 부르고, 성경 스토리북과 홈워크북, 자녀를 말씀으로 축복하는 기도를 통해 예수님과 함께 승리하는 하나님 나라를 이뤄가시길 바랍니다.

23과

하나님은 예수님을 통해 하나님 나라를 다스리세요

(마태복음 1:18-25)

24과

하나님은 아기 예수님을 지켜주셨어요

(마태복음 2:13-23)

25과

예수님은 우리의 완전한 구원자세요

(마태복음 3:13-17)

26과

예수님이 하나님 나라 승리를 보여주셨어요

(마태복음 4:1-11)

전도선교주일

모든 사람에게 복음을 전해요

(마태복음 28:18-20)

7단원 암송 말씀을 손유희하며 배워요!

사람이 떡으로만 살 것이 아니요 하나님의 입으로부터 나오는 모든 말씀으로 살 것이라
(마태복음 4장 4절 중반절)

사람이
순서대로 머리, 어깨, 허리를 손으로 짚는다.

떡으로만
무릎을 구부렸다 펴면서 한 손에 떡을 잡고 입으로 먹는 동작을 한다.

살 것이 아니요
한 손씩 손바닥을 앞을 향해 펴고 교차되게 젓는다.

하나님의 입으로부터
한 팔씩 위로 올린 후 다리를 구부렸다 펴며 양손을 입으로 모은다.

나오는 모든 말씀으로
한 번씩 점점 넓게 양팔을 벌린다.

살 것이라
손바닥을 앞으로 펼친 후 무릎을 구부렸다 펴며 양옆으로 흔든다.

7단원 홈워크북 정답

활용 가이드

주중 가정활동 이렇게 활용하세요!

※ 가정에서 활동하고 주일에 교회로 보내 주세요.

성경 스토리북에 있는 활동을 한 후 성경 이야기를 읽어 주세요.

홈워크북에 있는 활동을 함께 하며 말씀을 기억해요.

말씀으로 축복하는 기도문

홈워크북 뒷면 하단에 있는 성경 말씀을 읽고 부모님을 따라서 기도해요.

7단원 찬양을 함께 불러요!

짜잔! 브이!
하나님 나라

하나 바이블 가정안내문

8 단원 말씀 따라! 하나님 나라

________________ **의 부모님께**

안녕하세요! 부모님, 8단원에서는 마태복음을 통해 예수님께서 하나님 나라를 위해 제자를 부르심과 가르치심에 대해 배웁니다. "말씀하시되 나를 따라오라." 제자를 부르신 예수님의 말씀을 따라 하나님 나라를 위한 제자의 여정이 시작됩니다. 제자를 부르신 예수님은 함께 이뤄가야 할 하나님 나라 백성의 정체성과 기도, 믿음의 삶을 가르쳐 주십니다. "말씀 따라! 하나님 나라"는 이러한 예수님의 부르심과 가르침에 대한 우리의 반응을 보여줍니다.

27과를 배우면서 예수님이 베드로와 안드레, 야보고, 요한을 제자로 부르셨을 때 즉각 순종한 것처럼 우리를 하나님 나라를 위한 제자로 부르심을 알고 "네네!" 순종하며 따라가는 자녀가 되게 해주세요. **28과** 예수님의 팔복 이야기를 배울 때는 이 세상의 가치관과는 다른 팔복의 가르침대로 사는 것이 복된 삶이며 그것이 가장 크고 좋은 복임을 알려주세요. **29과**에서 예수님이 가르쳐주신 주기도문을 통해 하나님 나라 백성의 기도를 배우고 우리의 모든 필요를 다 아시는 하나님 아버지께 기도하는 자녀가 되게 해주세요. **30과**에서는 "열매로 알리라"는 말씀을 통해 우리 자녀가 믿음을 행함으로 보여주는 좋은 나무로 자라길, 건실한 그리스도인의 삶을 살길 기도하며 가르쳐 주세요. 8단원을 배우면서 말씀 따라! 더욱 순종하고, 말씀 따라 기도하고, 말씀 따라 살아가는 우리 가정이 되길 소망합니다. 주중에 가정에서 8단원 주제 찬양과 암송 찬양을 함께 부르고, 성경 스토리북을 읽은 후 홈워크북으로 놀이하며 다시 한 번 성경 말씀을 기억하도록 도와주세요.

27과

예수님은 하나님 나라를
위해 제자를 부르셨어요
(마태복음 4:18-22)

28과

하나님 나라 백성은
복된 사람들이에요
(마태복음 5:1-12)

29과

하나님 나라 백성은
예수님처럼 기도해요
(마태복음 6:5-13)

30과

하나님 나라 백성은
행함으로 믿음을 나타내요
(마태복음 7:15-29)

8단원 암송 말씀을 손유희하며 배워요!

말씀하시되 나를 따라오라 내가 너희를 사람을 낚는 어부가 되게 하리라 하시니
(마태복음 4장 19절)

말씀하시되 나를
양손을 하나씩 입에 대고 손과 고개를 흔든 후 점프하며 양손 엄지로 나를 가리킨다.

따라오라
양손으로 따라오라는 시늉을 한다.

내가
엄지로 나를 가리키며 두 번 통통 뛴다.

너희를
양손으로 앞을 가리키면서 점프한다.

사람을 낚는
양손으로 노를 젓는 시늉을 하며 옆으로 두번 간다.

어부가 되게 하리라 하시니
두 손을 한쪽 어깨에 모은 후 낚시하듯 멀리 던진다.

8단원 홈워크북 정답

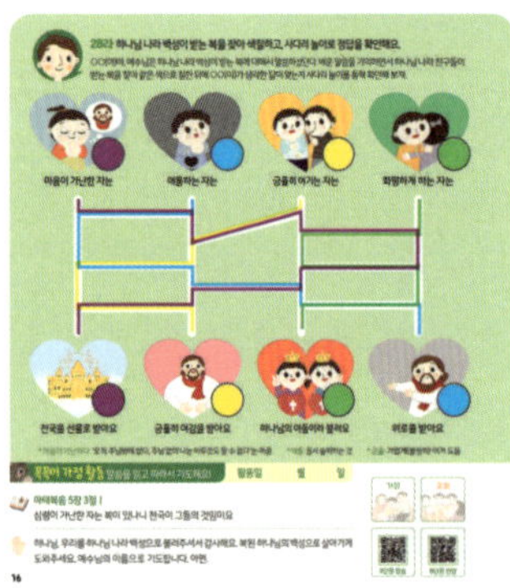

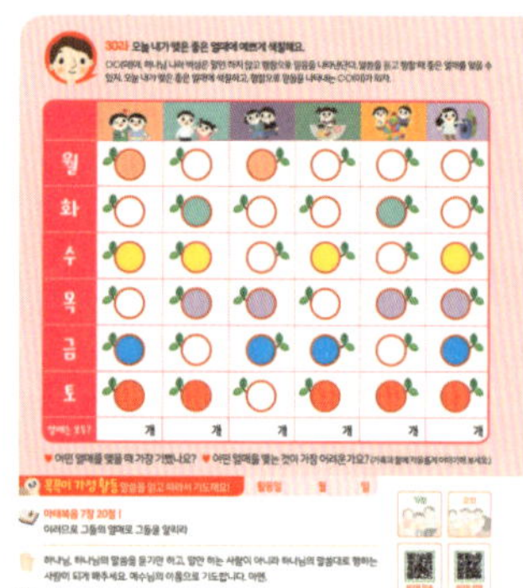

활용 가이드

주중 가정활동 이렇게 활용하세요!

※ 가정에서 활동하고 주일에 교회로 보내 주세요.

성경 스토리북에 있는 활동을 한 후 성경 이야기를 읽어 주세요.

홈워크북에 있는 활동을 함께 하며 말씀을 기억해요.

말씀으로 축복하는 기도문

홈워크북 뒷면 하단에 있는 성경 말씀을 읽고 부모님을 따라서 기도해요.

8단원 찬양을 함께 불러요!

말씀 따라! 하나님 나라

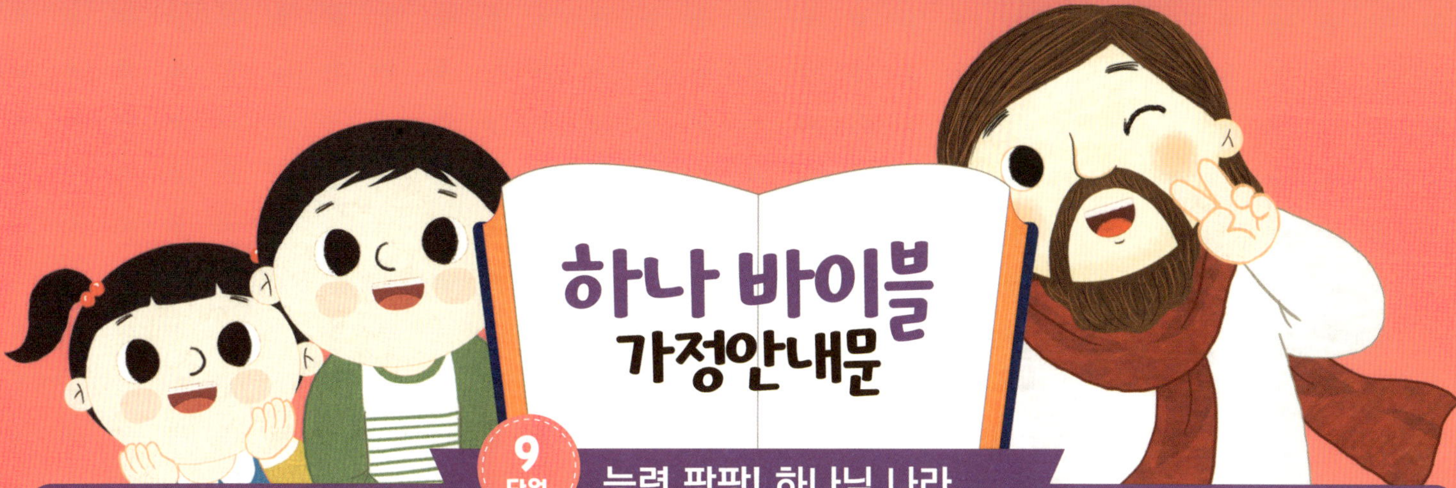

하나 바이블 가정안내문

9 단원 능력 팡팡! 하나님 나라

____________________ 의 부모님께

안녕하세요! 부모님, 9단원에서 배우는 하나님 나라는 "능력 팡팡! 하나님 나라"입니다. 마가복음을 통해 왕이신 예수 그리스도의 사역과 정체성에 대해 배웁니다. 바람과 바다를 다스리시고, 사탄의 권세를 무너뜨리신 예수님의 사역, 오병이어로 오천 명을 먹이신 예수님은 이 세상을 다스리시는 참된 왕이십니다.

31과에서는 큰 풍랑과 파도를 잔잔케 하시는 전능하신 창조주, 왕으로 다스리시는 예수님을 배우며 그 예수님께 우리 가정의 어려운 문제와 상황을 가지고 함께 기도하는 시간을 가져보세요. **32과**에서는 군대 귀신 들린 사람을 고치신 예수님 이야기를 통해 사탄의 세력도 무너뜨리시는 능력의 예수님을 의지하며, **33과**에서는 오병이어로 오천 명을 먹이신 말씀을 통해 예수님만이 우리에게 참 만족과 구원을 주시는 왕이심을 고백하며 주님을 더욱 의지하는 가정이 되세요. **34과**를 배울 때는 제자들에게 "너희는 나를 누구라 하느냐?"라는 예수님의 물음에 베드로가 대답한 것처럼 우리 가족 모두가 "예수님은 나의 주님, 나의 구원자이십니다" 라고 고백하길 바랍니다. 주중에 가정에서 9단원 주제 찬양과 암송 찬양을 함께 부르고, 성경스토리북과 홈워크북, 말씀 축복 기도를 통해 놀라운 예수님의 능력을 경험하게 되길 바랍니다.

31과

예수님이 바람과 바다를 잔잔하게 하셨어요

(마가복음 4:35-41)

32과

예수님이 귀신 들린 사람을 고치셨어요

(마가복음 5:1-20)

33과

예수님이 오천 명을 먹이셨어요

(마가복음 6:30-44)

34과

예수님은 나의 주님, 나의 구원자세요

(마가복음 8:27-38)

9단원 암송 말씀을 손유희하며 배워요!

너희는 나를 누구라 하느냐 베드로가 대답하여 이르되 주는 그리스도시니이다
(마가복음 8장 29절 중반절)

너희는 나를
한 팔씩 펼치고
두 손을 포개
가슴에 모은다.

누구라 하느냐
가슴에서 토닥이며
좌우로 한 번씩
무릎을 구부린다.

베드로가 대답하여
오른손을 번쩍
위로 든다.

이르되
공손하고 멋지게
인사한다.

주는 그리스도
양팔을 머리 위에서
교차하여 위로
쭉 뻗는다.

시니이다
팔을 위에서
아래로 내리며
허리 굽혀 인사한다.

9단원 홈워크북 정답

활용 가이드

주중 가정활동 이렇게 활용하세요!

※ 가정에서 활동하고 주일에 교회로 보내 주세요.

성경 스토리북에 있는 활동을 한 후
성경 이야기를 읽어 주세요.

홈워크북에 있는 활동을 함께 하며
말씀을 기억해요.

말씀으로 축복하는 기도문

홈워크북 뒷면 하단에 있는 성경 말씀을 읽고 부모님을 따라서 기도해요.

9단원 찬양을 함께 불러요!

능력 팡팡!
하나님 나라

하나 바이블 가정안내문

10 단원 사랑 가득! 하나님 나라

_______________ 의 부모님께

안녕하세요! 부모님, 10단원에서는 누가복음을 통해 하나님 나라의 왕이신 예수님을 만난 사람들 이야기를 다룹니다. 예수님을 만난 사람은 예수님을 더욱 사랑하게 되고 이웃에게 사랑을 표현합니다. 또한 그 은혜를 알고 예수님께 감사를 표현하며 예수님의 사랑 때문에 삶의 태도와 방식을 완전히 바꿉니다. 예수님을 만난 사람이 이루는 하나님 나라는 "사랑 가득! 하나님 나라"입니다.
35과에서는 예수님께 큰 용서를 받은 여인이 예수님께 나아와 귀한 향유를 부어 그 사랑을 표현한 이야기를 통해 우리도 죄 용서의 큰 사랑을 받았음을 깨닫고 그 사랑을 주님께 어떻게 표현할까 나누는 시간을 가져보세요. **36과**에서는 강도 만난 사람 이야기를 통해 주변에 도움이 필요한 나의 이웃이 있는지 돌아보며 하나님 사랑, 이웃 사랑의 율법을 아는 것을 넘어 자비와 긍휼을 베푸는 기회를 가져보세요. **37과**에서는 열 명의 한센병 환자 중 단 한 사람만 예수님께 돌아와 감사한 이야기를 통해 구원해 주시고 돌봐주시는 예수님께 우리 자녀가 마땅한 감사를 표현하게 해주세요. **38과**에서는 조건 없는 사랑으로 진정한 친구가 되어 주시고 구원을 베풀어주신 예수님을 만나 변화된 삭개오 이야기를 통해 우리 가정도 죄의 모습을 회개하며 새로운 삶의 태도와 방식으로 변화되길 결단해 보세요. 10단원 주제 찬양과 암송 찬양을 함께 부르고, 자녀와 함께 성경 스토리북과 홈워크북, 말씀 축복 기도의 시간을 통해 사랑 가득한 우리 가정이 되길 바랍니다.

35과

예수님을 만난 사람은 예수님께 사랑을 표현해요

(누가복음 7:36-47)

36과

예수님을 만난 사람은 이웃에게 사랑을 표현해요

(누가복음 10:25-37)

37과

예수님을 만난 사람은 예수님께 진정한 감사를 드려요

(누가복음 17:11-19)

38과

삭개오가 예수님을 만나 변화되었어요

(누가복음 19:1-10)

이단경계주일

깨어서 이단을 분별해요

(마태복음 24:4-5, 요한복음 10:7-18)

10단원 암송 말씀을 손유희하며 배워요!

인자가 온 것은 잃어버린 자를 찾아 구원하려 함이니라
(누가복음 19장 10절)

인자가
양 손바닥이 밖으로 보이게 펼친다.

온 것은
지그재그로 내려와 손바닥을 앞으로 펼친다.

잃어버린
양손으로 눈을 하나씩 가린다.

자를 찾아
엄지, 검지로 턱 쪽에 손을 대고 왼손, 오른손 번갈아 두 번씩 한다.

구원하여
양팔을 양쪽으로 뻗는다.

함이니라
양손을 마주 잡고 걸으면서 양쪽으로 흔들어준다.

10단원 홈워크북 정답

활용 가이드

주중 가정활동 이렇게 활용하세요!

※ 가정에서 활동하고 주일에 교회로 보내 주세요.

성경 스토리북에 있는 활동을 한 후 성경 이야기를 읽어 주세요.

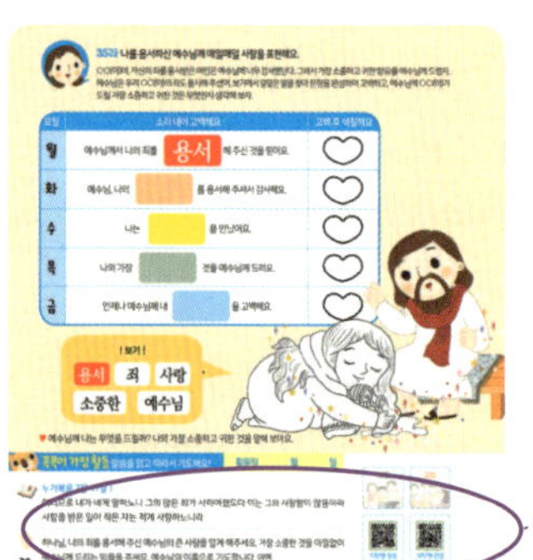

홈워크북에 있는 활동을 함께 하며 말씀을 기억해요.

말씀으로 축복하는 기도문

홈워크북 뒷면 하단에 있는 성경 말씀을 읽고 부모님을 따라서 기도해요.

10단원 찬양을 함께 불러요!

사랑 가득! 하나님 나라

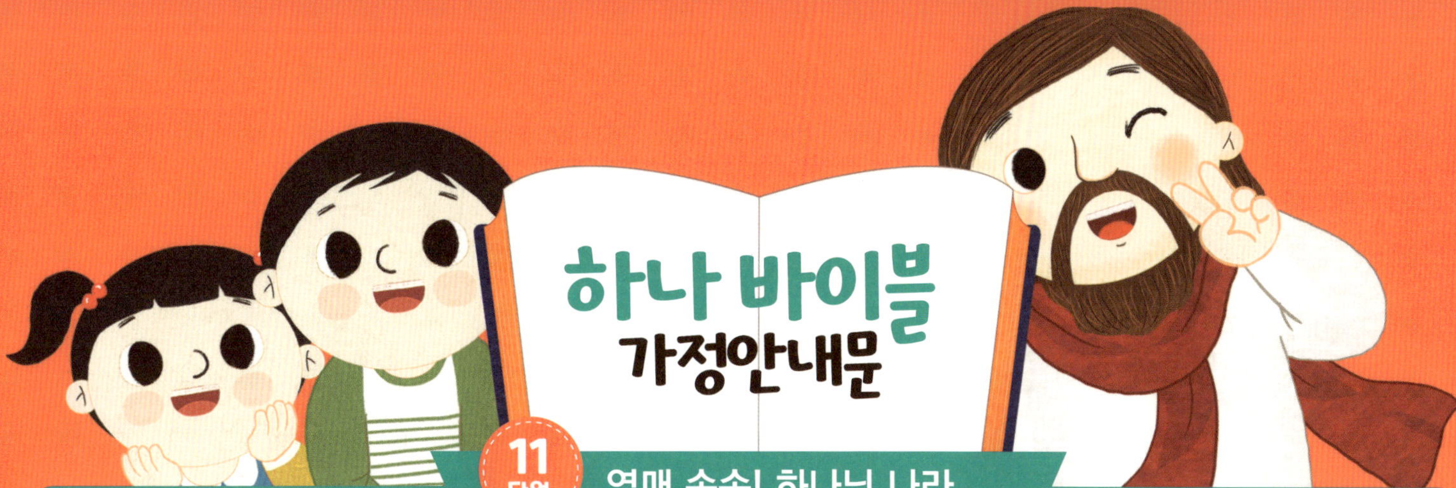

하나 바이블 가정안내문

11 단원 열매 송송! 하나님 나라

________________ 의 부모님께

안녕하세요! 부모님, 11단원에서는 요한복음을 통해 예수 그리스도와 하나님의 백성의 연합 관계를 다룹니다. 예수님만이 영생을 얻는 길이며, 예수님만이 참 만족을 주시는 분이기에 예수님을 바로 아는 것이 참된 예배로 이어지게 됩니다. 그러므로 우리는 생명의 근원이신 포도나무 예수님께 온전히 연합하여 그분께 붙어있는 가지가 될 때 열매를 송송 맺는 하나님 나라를 이루며 살 수 있습니다.
39과에서는 어떻게 해야 영생을 얻을 수 있는지 묻는 니고데모에게 예수님이 물과 성령으로 거듭나야 한다고 말씀해 주신 이야기를 배울 때는 영생 얻는 믿음은 하나님이 주시는 선물임을 알고 가족 모두에게 믿음을 주시길 기도하세요. **40과**에서는 우물가에서 사마리아 여인을 만난 예수님 이야기를 통해 인생의 방황은 예수님을 만날 때 해결되며, 예수님 안에서 인생의 참 만족을 얻을 수 있음을 배웁니다. 그것이 영과 진리 안에서 드리는 참 예배로 이어짐을 기억하며 교회와 가정, 일상의 삶에서 드려지는 모든 예배가 인생의 주인 되시는 주님을 영과 진리로 예배하는 참 예배가 되길 사모하세요. **41과**에서는 예수님이 참포나무, 우리는 가지라는 예수님의 말씀을 통해 하나님 나라 백성은 생명의 근원이신 예수님께 붙어 있어야 열매 맺는 삶을 살 수 있음을 배웁니다. 우리 가족 모두가 예수님께 꼭 붙어 열매 맺길 기도하세요. 또한 **추수감사주일** 말씀을 통해 모든 염려를 내려놓고 우리를 먹이시고 입히시는 하늘 아버지께 감사하는 가정이 되길 바랍니다. 11단원 주제 찬양과 암송 찬양을 자녀들과 함께 부르고, 성경 스토리북과 홈워크북, 말씀 축복 기도를 통해 하나님의 은혜가 가득한 시간이 되길 바랍니다.

39과

예수님만이 영원한
생명을 얻는 길이에요
(요한복음 3:1-16)

40과

영과 진리로
참된 예배를 드릴 수 있어요
(요한복음 4:7-26)

41과

예수님은 참 포도나무,
우리는 가지예요
(요한복음 15:1-11)

추수감사주일

염려하지 말고
주님께 감사해요
(누가복음 12:22-30)

11단원 암송 말씀을 손유희하며 배워요!

나는 포도나무요 너희는 가지라 그가 내안에, 내가 그 안에 거하면 사람이 열매를 많이 맺나니
(요한복음 15장 5절 상반절)

나는 포도나무요
한 손씩 올려 동그란 열매를 만든다.

너희는
양 손을 앞으로 내민다.

가지라
팔을 꺾고 손을 벌려 나뭇가지 모양을 만들고 좌우로 흔든다.

그가 내 안에, 내가 그 안에 거하면
양손을 가슴에 모으고 양팔을 앞으로 크게 모은 후 좌우로 흔든다.

사람이 열매를
양팔을 크게 위로 올려 동그라미를 만든다.

많이 맺나니
팔은 위로 한 채 양쪽으로 손을 접었다 편다.

11단원 홈워크북 정답

활용 가이드

주중 가정활동 이렇게 활용하세요!

※ 가정에서 활동하고 주일에 교회로 보내 주세요.

성경 스토리북에 있는 활동을 한 후 성경 이야기를 읽어 주세요.

홈워크북에 있는 활동을 함께 하며 말씀을 기억해요.

말씀으로 축복하는 기도문

홈워크북 뒷면 하단에 있는 성경 말씀을 읽고 부모님을 따라서 기도해요.

11단원 찬양을 함께 불러요!

열매 송송!
하나님 나라

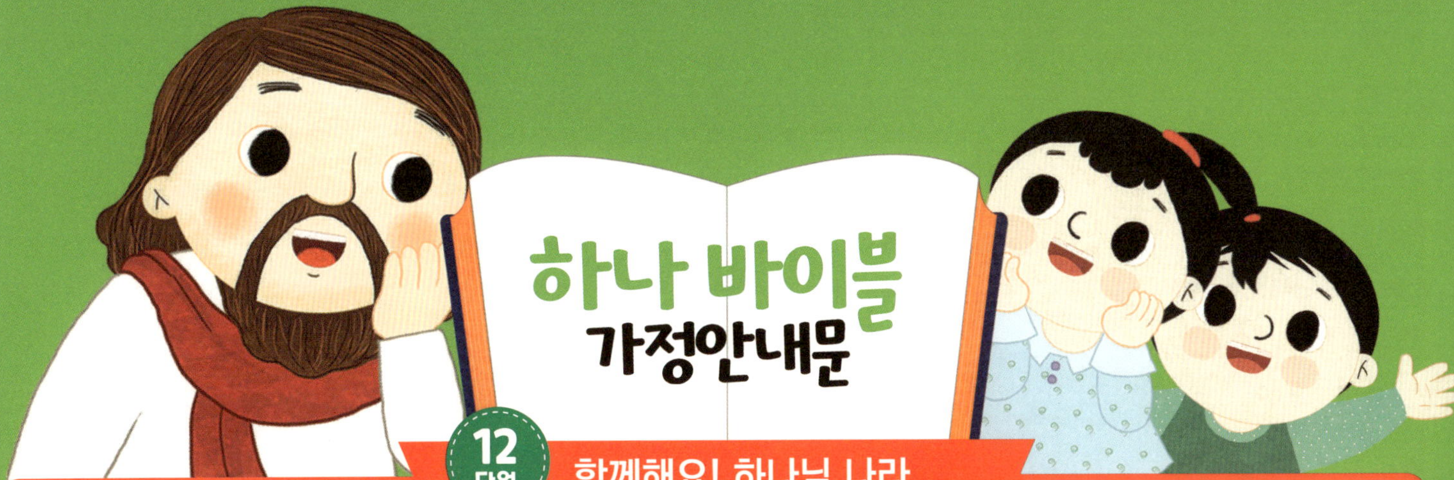

하나 바이블 가정안내문

12단원 함께해요! 하나님 나라

______________________ 의 부모님께

안녕하세요! 부모님, 12단원에서는 요한복음을 통해 예수 그리스도의 구속 사역으로 하나님 나라가 완성됨을 배웁니다. 예수님은 십자가 죽음을 앞에 두고 예수님이 하늘로 가시면 우리에게 성령님을 보내주시겠다고 약속하십니다. 또한 십자가에 죽으시고 부활하신 예수님은 믿음이 없는 제자들에게 찾아오셔서 부활의 믿음을 주시고 사명을 주시며 세상 끝날까지 함께해 주신다고 약속하십니다. 우리와 함께해 주시는 성령님과 함께 우리는 끝까지 사명을 감당하는 삶을 살아야 합니다.

42과에서는 예수님이 보혜사 성령님을 보내주시겠다고 약속하신 이야기를 통해 우리를 진리의 길로 인도하셔서 죄와 의, 심판에 대해 깨닫게 해주시고 믿음을 갖게 해주시는 성령님의 인도함을 받기 위해 더욱 말씀을 가까이할 것을 결단해 보세요. **43과**에서는 예수님의 부활을 의심하는 도마에게 예수님이 직접 못 자국을 보이시고 만져 보게 하시며 부활의 믿음을 갖게 하신 이야기를 통해 부활하신 예수님을 보지 않고도 믿는 믿음을 갖는 우리 아이가 되길 기도해 주세요. **44과**에서는 십자가의 예수님을 부인한 베드로에게 다시 찾아오셔서 예수님에 대한 사랑을 다시 확인하시고 사명을 주신 예수님의 이야기를 통해 우리 가정에 주신 사명이 무엇인지 이야기 나누고 그 사명을 잘 감당할 수 있길 기도하세요. 또한 **성탄주일**을 보낼 때는 왕으로 오신 예수님께 귀한 예물을 준비하여 드리며 함께 성탄의 기쁨을 나누세요. 12단원 주제 찬양과 암송 찬양을 자녀들과 함께 부르고, 성경 스토리북과 홈워크북, 말씀 축복 기도를 통해 예수님과 함께 행복한 가정이 되길 바랍니다.

42과

예수님이 성령님을 보내주신다고 약속하셨어요

(요한복음 16:7-14)

43과

예수님은 우리에게 부활의 믿음을 주세요

(요한복음 20:24-29)

44과

예수님은 우리에게 사명을 주세요

(요한복음 21:15-19)

성탄주일

왕이신 예수님의 탄생을 기뻐해요

(마태복음 2:1-12)

12단원 암송 말씀을 손유희하며 배워요!

그러나 진리의 성령이 오시면 그가 너희를 모든 진리 가운데로 인도하시리니
(요한복음 16장 13절 상반절)

그러나
양 손바닥을 펼쳐 하늘을 향하게 한다.

진리의
양손을 가슴에 모은다.

성령이 오시면
기도손 상태에서 위아래 한 번씩 한다. (왼쪽에서 오른쪽, 오른쪽에서 왼쪽)

그가 너희를
왼손으로 두 번 가볍게 누르는 동작을 한다.

모든
오른손 바닥이 보이게 펼친다.

진리 가운데로
양 손바닥을 펼쳐 하늘을 향하게 한 후 가슴에 모은다.

인도하시리니
제자리에서 걷는다.

12단원 홈워크북 정답

활용 가이드

주중 가정활동 이렇게 활용하세요!

※ 가정에서 활동하고 주일에 교회로 보내 주세요.

성경 스토리북에 있는 활동을 한 후 성경 이야기를 읽어 주세요.

홈워크북에 있는 활동을 함께 하며 말씀을 기억해요.

말씀으로 축복하는 기도문

홈워크북 뒷면 하단에 있는 성경 말씀을 읽고 부모님을 따라서 기도해요.

12단원 찬양을 함께 불러요!

함께해요!
하나님 나라

24

23

25

26

28

29

30

31

33

34

36

38

37

39

43

40

42

추수감사
주일

전도선교
주일

확인 스티커

실천 스티커

유치부 2과정·2학기 학생용

기획 | 총회교육개발원 **총괄** | 총회총무 박용규
총회교육개발원 원장 | 노영주
선임연구원 | 한유완
연구원 | 성초희 문성광 남기숙 배승리
교육과정 | 김광열 김희석 김희자 신국원 유은희 이관직 조호형
공과집필 | 팀장 남기숙 강희선 김미영 박민영 박주경 소홍희 윤이나 이윤지 최란 최정문 한용자
감수 | (교수) 김광열 김대혁 김상훈 김요섭 김희석 김희자 유은희 (목회자) 송태근 강진상 배만석
교정 | 송지수 **그림** | 최은민 **표지·내지 디자인** | 지온커뮤니케이션
App 개발 | 주식회사 노드블랙

하나바이블

초판 발행 | 2022년 5월 30일 **초판 3쇄** | 2025년 7월 2일
편집 | 대한예수교장로회총회 교육개발원
제작 | 대한예수교장로회총회 출판부
출판팀 팀장 | 오은총
부팀장 | 조미예 김경환
발행 | 대한예수교장로회총회
주소 | 06177 서울시 강남구 영동대로 330
전화 | 02-559-5649(교육개발원) 02-559-5655~7(출판팀)
팩스 | 02-559-8490(교육개발원) 02-6940-9384(출판팀)
홈페이지 | www.총회교육.com www.holyonebook.com
제조국 | 대한민국

대한예수교장로회총회

04230
9 791192 120256
ISBN 979-11-92120-25-6(04230)
979-11-92120-22-5(04230) 세트
값 9,000원